W0201533

Ronny Welzel

Das Unterbewusstsein – Der Weg aus Armut und Arbeitslosigkeit zum Erfolg

Books on Demand GmbH, Norderstedt

©2008 Ronny Welzel

Ronny Welzel geboren 1979 in Bottrop, befreite sich im Alter von 14 Jahren nach Lektüre des Buches "Autosuggestion" von Emil Coue von einer schlimmen Stauballergie. Nach Abschluss der Schule begann er eine Kaufmännische Ausbildung. Nach dieser Ausbildung verschrieb er sich voll und ganz den Geisteswissenschaften und studierte sehr intensiv der Gebiet der Hypnose und Psychotherapie.

Später gründete er dann das HypnosetherapieZentrum um mit seinen Kenntnissen Menschen aus Krisen zu führen. Und genau das ist das Ziel dieses Buches.

Herstellung und Verlag:
Books on Demand GmbH, Norderstedt

ISBN: 978-3-8970-1190-6

Bibliografische Information der Deutschen Nationalbibliothek
Die Deutsche Nationalbibliothek verzeichnet diese Publikation in der Deutschen Nationalbibliografie; detaillierte bibliografische Daten sind im Internet über http://dnb.d-nb.de abrufbar.

Inhaltsverzeichnis

Wer zu lesen versteht, besitzt den Schlüssel zu großen Taten, zu unerträumten Möglichkeiten, zu einem berauschend schönen, sinnerfüllten und glücklichen Leben.

ALDOUS HUXLEY

Vorwort

Herzlichen Glückwunsch!

Herzlichen Glückwunsch? Ja, Sie dürfen sich beglückwünschen. Und dazu gibt es gleich mehrere Gründe.

1. Sie sind ein Mensch, der das Geheimnis des Lesens entdeckt hat.
2. Sie können lesen, und wer lesen kann, kann eigentlich alles.
3. Sie haben begonnen zu handeln und sind jetzt aktiv.
4. Sie haben dieses Buch aus tausend anderen erwählt.
5. Sie werden viel Wichtiges für sich lernen.
6. Sie haben schon bald wieder Arbeit.

Der letzte Grund setzt allerdings voraus, dass Sie dieses Buch weiter lesen und danach handeln. Aber keine Angst, das ganze wird einfacher als Sie denken. Ich verspreche es Ihnen, und Sie haben es schriftlich. Wenn Sie auf mich hören, wird alles gut. Denn die in diesem Buch vorgestellten Methoden sind absolut sicher und bringen Sie zu Ihrem Ziel. Dabei spielt es keine Rolle, ob Sie Doktor, Verkäufer, Abiturient sind oder sogar keinen Schulabschluss haben.

Die in diesem Buch beschriebenen Methoden bündeln die mächtigsten Erfolgsrezepte und Wege der Welt zu einem einzigen wirksamen Konzept, womit viele andere schon Unternehmen aus dem Boden gestampft, Erfindungen und Entdeckungen gemacht haben, reich oder berühmt geworden sind und Karriere gemacht haben. Sie können diese Methoden dazu verwenden, einen neuen Job zu finden. Machen Sie sich klar, dass diese Methoden Sie sicher zum Erfolg führen werden, denn es ist so, als wenn Sie mit einer Kanonenkugel einen Spatz schießen wollen. Wenn Sie dieses Konzept aus diesem Buch anwenden, ist es, als ob Sie mit einem Bagger eine Sandburg abreißen oder mit einer Million Euro einen Streichholz kaufen wollen. Und mit der Million werden Sie doch wohl etwas Lächerliches wie einen Streichholz bekommen, oder?

Wie erwähnt, kann ich Ihnen sogar *versprechen*, dass Sie mit den drei in diesem Buch vorgestellten Wegen Erfolg haben werden. Es handelt sich aber nicht um irgendwelche dubiosen magischen Handlungen oder um esoterisches Beschwören von Geldströmen, sondern um erprobte wissenschaftlich fundierte Methoden, die jeder Mensch anwenden kann, sofern er Sie kennt. Deshalb habe ich Sie ja auch dazu beglückwünscht, dass Sie lesen. Denn dem, der liest ist, dem ist l fast alles möglich.

Geschriebenes ist nämlich gespeichertes Wissen, das Sie für sich verwenden können. Sie sind damit in der Lage, die Gedanken eines anderen Menschen zu denken und diese nachzuvollziehen oder zu prüfen. Niemals zuvor in der gesamten Weltgeschichte war diese Gabe so ergiebig wie heute. Wenn Sie darüber nachdenken, werden Sie zudem auch erkennen, dass unser gesamter Fortschritt und Wohlstand sich aus dem gespeicherten Wissen geformt hat, das in der Vergangenheit aufgeschrieben worden ist. Sie sind durch das Lesen in der Lage, sich Wissen anzueignen wofür jemand sein ganzes Leben gearbeitet hat und in einem Buch zusammenfasste. Durch das Internet steht Ihnen gerade heute in dieser Zeit das gesamte Wissen der Menschheit zur Verfügung. Die meisten Menschen haben eine weltumspannende Bibliothek zuhause, aus der Sie jegliches

Wissen entnehmen könnten. Deshalb ist gerade heute die Gabe zu lesen für jeden Menschen wertvoller denn je. Nur wer nutzt es? Die meisten Leute begnügen sich mit Chat-, Witz- oder sogar Schmuddelseiten. Aber auch das ist vergleichbar mit jemandem, der eine Million Euro auf dem Konto hat, sich selbst aber nur im Monat zehn Euro gönnt und in ärmlichen Verhältnissen lebt. Bei vielen Menschen ist die Gabe zu lesen verblasst, denn Sie konsumieren lieber passiv Fernsehen, Radio oder Filme, lassen sich dadurch berieseln und werden dann oft zu Denkfaulen und verlieren die Gabe zu lesen. Wenn sie mal wieder ein Buch zur Hand nehmen wollen, ist es Ihnen zu mühsam, weiter zu lesen, oder sie können sich nicht mehr konzentrieren. Durch diese verlorene Gabe haben sie etwas sehr wertvolles verloren und können in Zukunft nur das glauben, was Ihnen das Fernsehen oder jemand anderes sagt, da Sie in Zukunft nur noch passiv Wissen aufnehmen. Und wie Sie selbst wissen, sagt uns das Fernsehen nur zu gerne was wir kaufen sollen um glücklich zu sein. Aber das Lesen an sich kann man wieder trainieren und sich aneignen. Man muss nur den Wert daran erkennen. Außerdem werden Menschen, die lesen, viel älter und sind im hohen Alter geistig wesentlich reger und sogar weiser als in jungen Jahren. Es trainiert Ihre Vorstellungskraft, Konzentration und kann Sie zu großen Dingen inspirieren. Der Lesefaule wird leider in dieser Hinsicht immer mehr verkümmern. Das zeigt sich leider schon bei vielen Kindern, die nur mit Fernsehen und Videospielen aufgezogen wurden. Einer Gesellschaft, die nicht liest und sich nicht mehr selbst Informationen beschafft, kann man leicht alles glauben machen, stimmst?

Sie aber können sich freuen. Denn Sie lesen ja jetzt gerade dieses Buch. Damit haben Sie vielen schon mal etwas voraus und besitzen eine wertvolle Gabe. Wie Sie sehen, hat diese Gabe auch nichts mit Esoterik oder Zauberei zu tun, sondern

Sie sind sich jetzt im besonderen Maße einer Macht bewusst, die Sie für Ihren zukünftigen Erfolg machtvoll nutzen können. Und die drei Kräfte, die in diesem Buch beschrieben sind, werden Sie ebenso bereichern. Deshalb vertrauen Sie mir und handeln nach meinen Ratschlägen, dann wird sich Ihre Lage auf jeden Fall zum Positiven entwickeln. Alle Fähigkeiten, die Sie dazu brauchen, schlummern bereits in Ihnen. Sie müssen sie nur nutzen. Sie brauchen jetzt auch nicht tausend Bücher zu lesen, denn ich habe für Sie das Wissen zusammengetragen, was Sie benötigen um schnell wieder eine Arbeitsstelle zu bekommen und darin auch glücklich und erfolgreich zu werden. Ich habe bisher viel beobachtet und gesammelt, um alle großartigen Erfolgsrezepte in einem wunderbaren Konzept zusammenzufassen. Jegliche Ratgeber und sonstige Methoden basieren auf diesen drei Kräften, von denen dieses Buch erzählt, wenn man sie entkleidet oder auf das Wesentliche reduziert. In jeder Erfolgsgeschichte lassen sich diese drei Kräfte feststellen, die wissentlich oder unwissentlich genutzt wurden. Diese Kräfte kann jeder Mensch mobilisieren, um seine Ziele zu erreichen, auch Sie. Und dabei ist es vollkommen gleichgültig, was Sie bis jetzt alles in Ihrem Leben gemacht, erreicht haben oder auch nicht. Es spielt keine Rolle, ob Sie alt oder jung, ungebildet oder gebildet sind. Das Einzige, was Sie wissen müssen ist, wie Sie diese Kräfte aktivieren und für sich arbeiten lassen können. Wenn Sie also arbeitslos sind oder sogar von Sozialhilfe leben und davon genug haben, dann kann ich Ihnen helfen. Wenn Sie bereit sind, sich auf dieses Buch einzulassen, wird sich Ihre Situation in jedem Fall zum Positiven verändern. Das wollen Sie doch, oder?

Lassen Sie uns nun einen kleinen Vertrag schließen, der Sie daran erinnern wird, dass Sie heute das Richtige unternehmen und sich und Ihre Familie jetzt in bessere Zeiten führen werden. Mit Ihrer Unterschrift werden Sie sich jetzt daran binden, die Erfolgsmethoden in diesem Buch anzuwenden.

Hiermit verpflichte ich ______________________ mich dazu, dieses Buch zu lesen und die angegebenen Ratschläge zu befolgen. Im Gegenzug werde ich damit zum Herrn über mein Schicksal. Erfolg und Wohlstand werden sich dadurch in meinem Leben ab jetzt einstellen. Das Mindeste, was ich durch dieses Buch erreichen werde, ist es, eine neue Arbeitsstelle zu bekommen. Diese Zusicherung hat mir der Autor mit diesem Buch in schriftlicher Form gegeben.

____

Datum, Unterschrift

Und noch mal herzlichen Glückwunsch. Das Wissen in diesem Buch wird Sie so überlegen machen wie es ein Schriftgelehrter gegenüber einem Analphabeten ist.

Wie dieses Buch Ihnen helfen wird.

Mein Ziel ist es, Sie auf Ihre Fähigkeiten aufmerksam zu machen und Ihnen Wissen zu vermitteln, mit dem Sie besonders erfolgreich werden können. Bei diesen Fähigkeiten handelt es sich um Fähigkeiten, die jeder unbewusst nutzt, aber auch bewusst zu seinem Vorteil ausnutzen kann. Und jeder, wirklich jeder der geistig und körperlich gesund ist, kann diese Fähigkeiten uneingeschränkt nutzen. Genauso wie die meisten Menschen in unserer Kultur lesen können, haben Sie auch bestimmte Fähigkeiten, die entwickelt werden können. Wenn Sie diese dann bewusst zu Ihrem Vorteil nutzen, stehen Ihnen alle Wege offen. Stellen Sie sich nun die Fragen. Sind Sie unserem System wirklich hilflos ausgeliefert? Bin ich dazu verdammt, immer arbeitslos zu sein? Habe ich denn keine Möglichkeiten mehr, etwas aus mir zu machen? Wenn Sie mal kurz über diese Fragen nachdenken, sollten Sie schon etwas in sich spüren, das Ihnen in etwa sagt: „Nein, du bist nicht auf dieser Welt um zu darben. Du bist wie du bist, einmalig und unvergleichlich". Ja, das ist eine Wahrheit, und tief in Ihrem Inneren wissen Sie das auch. Sie wissen, dass Sie eigentlich etwas tun könnten. Wir sind nur leider aufgrund unseres gesellschaftlichen Systems und unserer konsumierenden Kultur auf Passivität eingestellt. Das Bewusstsein ist von Natur aus ziemlich träge, was es uns schwer macht aus dieser Passivität wieder herauszukommen. Ich will Ihnen zeigen, wie Sie, anstatt den Dingen passiv ausgeliefert zu sein, aktiv über Sie herrschen können. Wir sind gar nicht so hilflos wie wir meinen. Dieses Buch wird Ihnen eine neue Sicht der Dinge vermitteln, mit der Sie in ein neues Bewusstsein treten. Das einzige, was Sie dazu können müssen, ist lesen. Und das können Sie ja. Damit haben Sie auch den ersten Schritt getan um sich am

Schopf zu packen, um sich aus dem Sumpf zu ziehen. Sie werden sich am Ende dieses Buches wahrscheinlich wundern, wie einfach es doch alles war, und sich fragen, warum Sie nicht schon eher darauf gekommen sind, etwas zu ändern. Die Arbeitslosigkeit wird Ihnen bald nur noch als ein böser Alptraum erscheinen.

Was ist Arbeitslosigkeit?

Zuerst müssen Sie begreifen, was Arbeitslosigkeit eigentlich ist. Dadurch analysieren wir die Situation und können handeln. Bevor man einen Krieg beginnt, macht man eine Bestandsaufnahme. Jedes Problem muss zuerst mal gründlich beleuchtet werden. Wenn wir wissen, was uns krank macht, können wir die Ursache leicht ausschalten. Lassen Sie uns mal über folgende Zitate ein wenig nachdenken. Damit erstellen wir uns nun die Diagnose und können dann zur Heilung kommen. Das, was uns in der Arbeitslosigkeit fehlt, ist Arbeit.

Die Arbeit, die tüchtige, die intensive Arbeit, die einen ganz in Anspruch nimmt mit Hirn und Nerven, ist doch der größte Genuss im Leben.
Rosa Luxemburg

Die Arbeit hält drei große Laster fern: Langeweile, Laster, Not.
Voltaire

Um zu erörtern, was Arbeitslosigkeit ist, müssen wir natürlich wissen, was Arbeit für uns, den Menschen, bedeutet. Nun, „Arbeit macht frei“. Wenn ich hier von Arbeit rede, meine ich nicht den Zwang zu arbeiten oder stumpfsinnigen Frondienst. Nein, ich rede von der Arbeit, die uns widerspiegelt, die uns Freude macht, die uns erfüllt. Ich rede von der Arbeit, mit der wir unserem Nächsten der Gesellschaft dienen können. Das Einsetzen unserer Fähigkeiten, um anderen und sich zu dienen. Denken Sie daran, was Sie vielleicht einmal für Freude daran gehabt haben, als Sie ein Werk vollendet hatten. Vielleicht haben Sie ein Ziel erreicht, oder Sie konnten einem Menschen durch Ihre Arbeit helfen, oder Sie haben gar etwas erschaffen oder erfunden. Der dienende Mensch ist wie eine Wolke, die Regen gibt, und die ganze Natur freut sich darüber und dankt dem Regen mit allerlei Wachstum. Wissen Sie, Arbeit, die Ihnen Spaß macht, ist ein reicher Segen, nicht nur für Sie, sondern auch für die Nutznießer ihrer Arbeit. Arbeit, die Ihnen und Ihren Mitmenschen Spaß macht, kehrt als Segen wieder zu Ihnen zurück. Das kann in der Form von Geld sein, Menschen, die Sie kennen lernen oder durch Wissen, das Ihnen vermittelt wird. Glauben Sie mir, jeder Mensch braucht Arbeit. Wir segnen und werden gesegnet mit der Arbeit. Jedes Lebewesen in der Natur, ob Pflanze oder Tier, hat einen bestimmten Zweck. Die Kuh gibt Milch, der Baum Früchte usw. Lesen Sie doch bitte einmal, was Jesus uns in der Bibel zum Thema dienen sagte, nachdem er seinen Jüngern die Füße gewaschen hatte:

Ihr nennt mich 'Meister' und 'Herr' und damit habt ihr recht, denn das bin ich. Und weil ich, der Herr und Meister, Euch die Füße gewaschen habe, sollt auch ihr einander die Füße waschen. Ich habe euch ein Beispiel gegeben, dem ihr folgen sollt. Tut, was ich für euch getan habe. Es ist nur zu wahr: Ein

Diener ist nicht größer als sein Herr. Genauso sind die Boten nicht wichtiger als der, der sie gesandt hat. Ihr wisst das alles - nun handelt auch danach. Das ist der Weg des Segens!
Johannes 13,13-17

In diesem Auszug steht, das ist der Weg des Segens, zu dienen. Selbst Gott in der Bibel zeigt den Menschen, dass er Ihnen dient. Er wäscht Ihnen hier die Füße. Dadurch sollten Sie erkennen, dass Gott den Menschen dient. Er arbeitet quasi jeden Tag und jede Nacht für uns. Die Natur gibt uns jeden Tag etwas, die Fische aus dem Meer, Getreide aus der Erde und Wasser zum Trinken, Sonne und Regen. Und hier in diesem kurzen Bibelwort wird uns gesagt: **„Tut, was ich für euch getan habe. .... Das ist der Weg des Segens“.** Wir Menschen brauchen also die Arbeit. Ich will Sie auch dazu einladen, dieses Thema selbst zu studieren. Beobachten Sie doch einmal Menschen, die keiner Arbeit nachgehen. Sie werden feststellen, dass diese Leute entweder krank werden oder Lastern verfallen. Dann gibt es auch welche, die unbewusst auf der Suche nach allen möglichen Tätigkeiten sind. Sie können das besonders gut in Baumärkten beobachten. Hier finden Sie sehr oft Menschen, die keine Arbeit haben oder schon Rentner sind, die sich hier Farben, Holz oder Nägel kaufen, und dann zuhause entweder reparieren, bauen oder im Garten arbeiten. Manchmal gibt es auch Menschen, die sich stundenlang mit einem Videospiel berauschen. Diese virtuelle Arbeit wird dann mit Punkten oder besonderen Gegenständen im Spiel belohnt. Sehr oft lässt sich beobachten, dass Menschen, die in Rente gegangen sind, oft rapide abbauen und kurz darauf sogar sterben; während Menschen, die trotz hohen Alters weiter arbeiten, noch älter werden und geistig immer voll auf der Höhe sind. Dieses Phänomen lässt sich sogar unabhängig vom Lebensstandard feststellen. Ich sah einmal eine Frau aus Afrika, die hundert Jahre alt war und dabei vollkommen gesund schien. Sie arbeitete noch auf dem Feld und kümmerte sich um 15 Enkelkinder. Sie wurde gebraucht. Arbeiten heißt nicht nur, etwas für andere zu tun, sondern auch von anderen gebraucht werden. Sie werden mir doch sicherlich zustimmen, dass Sie Ihren Arzt oder Postboten brauchen, nicht wahr?

Ich hoffe, dass Sie mit mir bis jetzt übereinstimmen und sagen, Arbeit ist für den Menschen lebenswichtig und gehört zum Menschsein. Auch Menschen, die es nicht nötig haben für Geld zu arbeiten, arbeiten trotzdem. Es gibt Millionäre, die Stiftungen ins Leben rufen oder weiter ihre Unternehmen führen. Es ist also keine Frage des Müssens oder des Geldes. Der Mensch braucht eine Beschäftigung, mit der er anderen dienen, etwas erschaffen kann. Nun, was ist dann ein Mensch ohne Arbeit?

Wenn ein Mensch seine Arbeit verloren hat, trifft ihn damit mit ziemlicher Wucht eine Bedrohung, die für den Betreffenden mit einer Naturkatastrophe vergleichbar ist.

Der Soziologe Oskar Negt sagt:

Arbeitslosigkeit ist ein Gewaltakt. Sie ist ein Anschlag auf die körperliche und seelisch-geistige Integrität, auf die Unversehrtheit der davon betroffenen Menschen. Sie ist Raub und Enteignung der Fähigkeiten und Eigenschaften, die in einem mühsamen und aufwendigen Bildungsprozess erworben wurden und die in Gefahr sind, zu verrotten und schwere Persönlichkeitsstörungen hervorzurufen.

Ist das nicht grausam?

Lesen Sie bitte auch, was die Sachbuchautorin und Journalistin Stefanie Winter dazu schreibt:

Arbeit ist längst nicht mehr das halbe Leben, sondern das ganze. Und ohne sie ist man nichts. Die in unserer Gesellschaft geltende Ideologie – ob sie uns gefällt oder nicht – ist doch, dass der Mensch seinen Wert durch Tätigsein und sichtbaren Erfolg erhält. Erwerbsarbeit wird oft mit Lebenssinn gleichgesetzt. Die für uns so wichtige Anerkennung erhalten wir überwiegend durch unsere Arbeit und die dort erzielten Erfolge.

Die Katholische Kirche formuliert das so:

Arbeitslosigkeit verletzt fast immer die Würde dessen, den sie trifft, und droht sein Leben aus dem Gleichgewicht zu bringen.
Weltkatechismus 1992

Wie Sie sehen, wird durch Arbeitslosigkeit nicht nur der Sinn des Menschenseins angegriffen, sondern wird zusätzlich noch durch die Ideologie unserer Gesellschaft verschlimmert. In der heutigen Gesellschaft wird der Mensch von anderen Menschen durch seine Arbeit bewertet. Wir sind, was wir arbeiten. Arbeiten wir nicht, sind wir nichts. Die Wichtigkeit der Arbeit ist sogar in der allgemeinen Erklärung der Menschenrechte in Artikel 23 Absatz 1 mit folgenden Worten manifestiert.

> *Jeder Mensch hat das Recht auf Arbeit, auf freie Berufswahl, auf angemessene und befriedigende Arbeitsbedingungen sowie auf Schutz gegen Arbeitslosigkeit.*

Wir driften also nicht nur in eine schlimme Depression, die unser Leben bedroht, sondern werden zusätzlich noch von unserer kalten Erfolgsgesellschaft als gering betrachtet. Da jeder Mensch sich ja auch nach Anerkennung sehnt, verstärkt das wiederum die Depression. Aber damit noch nicht genug, wir erhalten auch nicht mehr den gesellschaftlichen Segen in Form von Geld. Wir geraten zusätzlich unter einen finanziellen Druck. Dadurch können wir wiederum an bestimmten Aktivitäten des gesellschaftlichen Lebens nicht mehr teilnehmen, was uns wiederum dessen Achtung kostet. Eine Spirale der Depression beginnt, die in Krankheit, Verzweiflung und Einsamkeit endet. Außerdem lähmt uns die Depression, so dass wir keine Kraft finden, um uns aus dieser Situation herauszuwinden. Die schlechten Nachrichten in den Medien verstärken die Verzweiflung noch mehr. Der Arbeitslose wird immer passiver und glaubt, dass er nichts mehr an seiner Situation ändern kann. Deshalb lassen Sie mich dieses Ereignis Arbeitslosigkeit kurz und knapp definieren als **„gefährliche Krankheit“.** Machen Sie sich bitte jetzt ernsthaft klar, dass Arbeitslosigkeit eine lebensbedrohliche Krankheit ist. Sie kann sogar den wirtschaftlichen oder gesellschaftlichen Tod des Arbeitslosen bedeuten. Denken Sie wirklich noch einmal selbst über dieses Thema nach und fragen Sie sich, ob sie schon in einer solchen Abwärtsspirale stecken.

Allerdings haben Sie bereits etwas unternommen und haben sich dieses Buch besorgt. Und ich möchte Sie jetzt noch einmal an dieser Stelle daran erinnern, dass wir einen Vertrag geschlossen haben. Sie sind dabei, sich von der Krankheit zu befreien. Wir haben jetzt lediglich eine Diagnose gestellt und die Krankheit untersucht. Nach der Diagnose kann die Heilung beginnen. Deshalb bitte ich Sie nochmals, unbedingt den Anweisungen dieses Buches Folge zu leisten. Mir liegt etwas daran, dass Sie wieder eine Beschäftigung finden. Auch wenn

Ihnen manche Methoden in diesem Buch seltsam oder fremd erscheinen mögen, bitte tun Sie es trotzdem. Denn die beschriebenen Methoden führen zum Ziel. Eines sind die Ratschläge hier aber nicht. Schwierig! Deshalb gebe ich Ihnen nun meinen ersten wichtigen Hinweis. Arbeiten Sie!

Arbeiten Sie wieder.

Ich wiederhole jetzt noch einmal, sie haben das große Glück und sind in der Lage, dieses Buch zu lesen. Es gibt Menschen, die schon so durch die Arbeitslosigkeit zersetzt sind, dass sie dazu nicht mehr in der Lage sind. Durch Alkohol und Depressionen sind sie bereits handlungsunfähig geworden. Bei Ihnen jedoch ist es noch nicht so. Ich kann also davon ausgehen, wenn Sie mir bis jetzt folgen konnten, dass Sie körperlich und geistig gesund sind. Das ist doch schon ein Grund zur Freude, sich in der Lage zu wissen, arbeiten zu können, stimmt´s? Es ist keine Selbstverständlichkeit lesen zu können, die Möglichkeit zu haben Bücher zu kaufen, zwei gesunde Hände zu haben oder gehen zu können. Deshalb gebe ich Ihnen jetzt den Rat: Arbeiten Sie! Beginnen Sie ab jetzt wieder, dem Befehl des Lebens Folge zu leisten und der Segen kommt wieder zu Ihnen. Vertrauen Sie mir.

Sechs Tage sollst du arbeiten und alle deine Tätigkeiten verrichten
Ex 20,9

Suchen Sie sich eine Beschäftigung, mit der Sie der Gesellschaft dienen können. Geistig und sozial betrachtet gliedern Sie sich damit wieder in den Kreislauf des Gebens und Nehmens ein. Sie investieren Ihre Arbeit (Ihren Segen) in die Gesellschaft. Sie fangen damit an Ihren Nächsten durch Ihre Arbeit zu segnen. Bieten Sie sich am besten irgendwo ehrenamtlich an, wo Sie anderen Menschen helfen oder dienen können. Dazu könnten sich ein Krankenhaus, Obdachlosenheim, Behindertenwerkstatt oder andere Organisationen sehr gut eignen. Wenn Sie bereits in einer Arbeitsmaßnahme des Staates stecken, dann fragen Sie entweder, ob Sie in irgendeiner anderen wohltätigen Organisation weitermachen können, oder machen Sie das Beste daraus. Wichtig ist, dass Sie erstmal niemandem verraten, dass es mit Ihnen jetzt aufwärts geht. Denn es ist leider so, dass es Menschen gibt, die es nicht mögen, wenn ein Gruppenangehöriger sich irgendwie verbessern kann. Wenn Sie Ihren Kollegen jetzt mitteilen würden, was Sie vorhaben, könnte es sein, dass Sie Dinge hören, die Sie wieder herunterziehen und wieder in die Passivität bringen. Diese Gruppenmitglieder meinen es nicht böse mit Ihrer Reaktion, sondern haben nur Angst verlassen zu werden. Wie gesagt, sollten Sie darauf achten, dass Sie nach Möglichkeit die Gesellschaft von schwarzmalerischen Zeitgenossen meiden, die Sie wieder runterziehen könnten. Vor dieser Gefahr müssen Sie sich schützen. Bei Ihrer neuen Tätigkeit sollten Sie dann versuchen, so nett wie möglich zu Ihren Kollegen zu sein, und lächeln Sie. Lassen Sie sich nicht anmerken, dass Sie gar nicht für diese Stelle bezahlt werden. Sie haben dadurch folgende Vorteile. Sie werden sich bald seelisch besser fühlen. Sie arbeiten freiwillig, sprich selbstständig, und nicht, weil Sie das Geld brauchen. Sie lernen Leute und Firmen kennen, die Ihnen vielleicht schon bald als Sprungbrett zu einer gut bezahlten Stelle dienen könnten. Wenn jemand mitbekommt, dass Sie ohne Geld dafür zu bekommen sehr gute Arbeit leisten, wird er den Wunsch haben, Ihnen zu helfen. Oder jemand wird denken, wenn der ohne Geld so gut arbeitet, wie viel mehr, wenn er dafür bezahlt wird. Das Schicksal wird sie dafür belohnen. Sie leisten schließlich etwas. Glauben Sie mir, Ihre Kraft ist nicht verloren, sie bekommen alles wieder vielfach zurück.

Außerdem bereiten Sie Ihren Geist auf unseren weiteren Weg zu unserem Ziel vor. Ganz nebensächlich und nebenbei können Sie das in Ihrem Lebenslauf schreiben und beim Vorstellungsgespräch erwähnen. Der Personalchef, der davon erfahren wird, weiß, dass Sie Ihre Fähigkeiten auch in schwierigen Zeiten nicht vernachlässigt haben. Sie werden sehen, es wird Ihnen Spaß machen und Sie werden nur Vorteile durch Ihre wohltätige Arbeit haben. Hand drauf!

Zusammenfassung

1. Sie sind ein einmaliges besonderes Geschöpf, so wie keine Schneeflocke der anderen gleicht, so gibt es Sie auch nur einmal.

2. Sie sind nicht dazu da, arbeitslos zu sein. Arbeit ist für Sie und andere Menschen reicher Segen. Hier können Sie Ihre besonderen Gaben zum Wohle aller nutzen.

3. Es ist Ihr Recht, zu arbeiten, und das ist ein Gesetz des Lebens.

4. Arbeiten heißt dienen, dienen ist der Weg des Segens.

5. Arbeitslosigkeit ist eine degenerierende Krankheit, die zum gesellschaftlichen und in schlimmen Fällen zum leiblichen Tod führen kann.

6. Arbeitslosigkeit ist heilbar. Da Sie dem Gesetz des Lebens folgen wollen, erhalten Sie alle Unterstützung die Sie brauchen.

7. Fangen Sie an, ehrenamtlich für eine wohltätige Organisation zu arbeiten. Zeigen Sie bei Ihrer Arbeit Freude und seien Sie außerordentlich nett zu Ihren Kollegen.

Das Geheimnis der 3 Kräfte.

Wenn die anderen glauben, man ist am Ende, so muss man erst richtig anfangen.

Konrad Adenauer

In diesem Kapitel lernen Sie die drei elementaren Kräfte kennen, mit deren Hilfe Sie es schaffen werden, mindestens eine neue gut bezahlte Arbeitsstelle zu bekommen. Ich betone immer mit Absicht, dass es das Mindeste ist. Das Wissen um diese 3 Kräfte ist in der Tat so gewaltig, dass Sie damit alles erreichen können, was Ihnen in Ihrem Geist so vorschwebt. Die drei Kräfte, wie ich Sie nenne, sind die Grundlage jeder Erfolgsstrategie. Manager auf der ganzen Welt lernen sogenannte Erfolgsmethoden kennen, um so ihre Unternehmen reicher und erfolgreicher zu machen. Ich erkannte aber, dass alle Bücher mit Erfolgsstrategien oder Seminare im Grunde das Gleiche sagen wollen. Es gibt nur einen kleinen Unterschied hier und einen kleinen Unterschied da. Hier heißt es so und dort eben anders. Mich aber interessierte, was ist das Ausschlag gebende für den Erfolg. Durch meine intensiven Studien im geisteswissenschaftlichen Bereich wollte ich zu den Grundpfeilern des Erfolgs vorstoßen, da ich es so gewohnt war. Warum hat jemand Erfolg, und warum der andere nicht? Ich entdeckte tatsächlich die Antwort darauf. Und eigentlich war alles sogar ganz logisch und passt auch wunderbar mit allem zusammen. Ich fing an, erfolgreiche Menschen zu beobachten, und wie Sie es machen, und ob Sie nach den Prinzipien handeln, die ich in allen Erfolgsrezepten gefunden habe. Alles hängt von drei Faktoren ab, die im Einklang sein müssen. Wenn diese drei Faktoren übereinstimmen, ist alles machbar. Wenn die drei Faktoren aber nicht übereinstimmten, dann war die Erfolgsmethode auch nicht gut. Alle Menschen verfügen letztendlich über die gleichen Ressourcen. Es gibt keinen Menschen, der drei Arme hat, oder? Es gibt auch keinen Menschen, der vier Augen hat, nicht wahr? Wir alle verfügen im Grunde über dasselbe Potenzial. Die Natur hat das so eingerichtet. Wenn jemand anderes etwas geschafft hat, und wenn wir es genauso machen würden, wie er, dann könnten wir das gleiche Ergebnis erzielen. Diese Beobachtungen führten mich dazu, alles Wichtige dieser Erfolgsmethoden auf das Wesentliche zu reduzieren. Was lag jetzt noch näher, als die wesentlichen drei Faktoren zu nehmen und an den wichtigen Punkten noch zu verstärken, zu intensivieren. Um eine einfache Erfolgsmethode zu formulieren, die jeder Mensch anwenden kann, um alles zu schaffen, woran er glauben kann. Und zwar ohne die Fehler, und mit den wirksamen Elementen der verschiedenen Strategien. Ich nenne diese Strategie ganz einfach „Die drei Kräfte". Wenn diese drei im Einklang sind, werden sich alle Türen für Sie öffnen.

Jedoch wollen wir nicht sofort übertreiben und fangen erst einmal mit einem kleinen Ziel an, das sich auch sicher erreichen lässt. Danach steht es Ihnen frei, was Sie daraus machen. Die ganze Sache hat allerdings einen Preis. Sie müssen eine bestimmte Tatsache glauben. Sie müssen nicht wissen, wie Sie funktioniert und was letzten Endes die Wahrheit ist, aber Sie müssen glauben, dass alles Sichtbare aus Energie oder Geist besteht oder zumindest daraus hervorgegangen ist. Zur Beweisführung kommen wir später noch einmal, aber durch den Glauben können wir diese Wahrheit erstmal besser erfassen. Dieser Glaube ist der Schlüssel zu allen anderen Erfolgsgesetzen. Schon Jesus hat gesagt:

Ich versichere euch: Wenn ihr zu diesem Berg sagt: 'Hebe dich in die Höhe und wirf dich ins Meer', wird es geschehen. Entscheidend ist, dass ihr glaubt und in euren Herzen nicht daran zweifelt.
Markus 11.23

Ich will Sie hiermit nicht zu einer Glaubensrichtung bekehren, das ist nicht meine Aufgabe. Ich will Ihnen lediglich zeigen, dass der Schlüssel zum Erfolg der Glaube ist, und alles, was sie sehen, vorher Geist oder Energie war. Denken Sie einmal darüber nach, jedes Haus, jedes Auto, jedes Gerät existierte zuallererst im Geiste eines Menschen. Gedanken kann man als Geist oder auch Energie betrachten. Solche imaginären Gedanken werden in der Regel auf Papier gebracht und die vorgestellten Dinge werden dann später nach der Planung gebaut oder hergestellt. Fest steht, dass der hergestellte Gegenstand geistig war in Form von Energie in unserem Kopf. Wenn Sie sich diese Fakten zu Eigen machen, wird es auch nicht schwer sein, daran zu glauben. Dann werden Sie auch erkennen, dass meine Aussage nichts mit Aberglaube oder Esoterik zu tun hat. Man kann also feststellen, dass viele Dinge aus einem Geist geschaffen wurden.

Ich kann Ihnen versichern, dass auch Ihr Geist zu allerhand in der Lage ist, Sie werden es noch entdecken. Sie haben diesen Schatz nur noch nicht geborgen, der in Ihnen steckt. Glauben Sie ab jetzt, dass alles, was existiert, vorher Geist war. Glauben Sie mir, dass auch Ihr Geist etwas hervorbringen kann. Alles ist möglich, für den, der glaubt (Markus 9,23). Das ist ein wichtiger Glaubensansatz, in den Sie sich zumindest hinein versetzen müssen. Wie ein Wissenschaftler, der eine Theorie überprüft. Und wie es in der materiellen Welt Naturgesetze gibt, gibt es sie auch in der geistigen. Und das erste Gesetz, was Sie dazu lernen müssen, ist dieses:

Das Analogiegesetz

Wie oben – so unten
Wie innen – so außen
Wie der Teil – so das Ganze

Vielleicht haben Sie das schon einmal irgendwo gehört. Es handelt sich um eine Wahrheit, um ein Gesetz, womit wir arbeiten können. Es lässt sich zum Beispiel auf Dinge wie Vertrauen anwenden. Wer in kleinen Dingen unzuverlässig ist, der ist es auch in großen. Es lässt sich beobachten, dass viele Dinge ähnlich funktionieren. Was im kleinen Maßstab funktioniert, das funktioniert auch im Großen. Ein Mikrokosmos funktioniert ähnlich wie der Makrokosmos. Unsere Welt steckt voll von Analogien. Das Analogiegesetz kann man auch als Gesetz der Entsprechung bezeichnen. Wenn man eine Ebene verstanden hat, dann hat man alle verstanden. Der Mensch wurde als Ebenbild Gottes geschaffen und diese Entsprechung setzt sich in allen Bereichen fort. Es hat Gültigkeit vom Größten, dem Universum, bis zum Kleinsten, bis hinein in den feinstofflichen sogar geistigen Bereich. Dieses Gesetz ist ein geistiges Gesetz. Man könnte daraus schließen, dass alle anderen Dinge, die wir nicht hergestellt haben, ebenfalls aus einem Geist entstammen. So wie eine Stereoanlage vorher im Geiste eines Menschen existierte, so existierte der Mensch vielleicht im Geiste eines höheren Wesens. Dieses Wesen muss dann alles Sichtbare erschaffen haben. Es entstand alles aus einem Geist. Aufgrund dessen können wir sagen, dass unser Geist, der Menschliche, ebenfalls einiges kann. Nämlich das, was er sich vorstellt, das kann er auch theoretisch vollbringen. Ich will zu diesem Zeitpunkt noch nicht weiter erklären, warum geistige Gesetze funktionieren und wieso, denn dieses Wissen spielt im Moment noch keine so große Rolle. Mir liegt in erster Linie daran, dass Sie aus dem schlimmen Zustand der Arbeitslosigkeit herauskommen. Es genügt für unsere Arbeit, dass Sie wissen, dass der Mensch und insbesondere der menschliche Geist Großes vollbringen kann, wenn er an etwas glaubt. Der Geist eines Menschen kann Dinge erschaffen und ist kreativ. Andernfalls wäre wohl kaum eine Mondlandung möglich gewesen, oder? Sie verfügen ebenfalls über ein Potenzial an geistiger Kraft. Es ist eine unumstößliche Wahrheit, dass der menschliche Geist durch Glauben Großes vollbringen kann. Es gibt Menschen, die aufgrund ihres Glaubens vom Krebs geheilt wurden, Erfindungen gemacht haben, mit denen Sie zu Millionären wurden und vieles weitere. Ja selbst eine einfache Uhr oder jedes andere technische Gerät ist ein Wunder des menschlichen Geistes. Eine einfache Taschenuhr hat vorher im Geiste irgendeines Menschen existiert. Dieser hat sie wahrscheinlich anhand einer Zeichnung zu Papier gebracht und dann gebaut. Alles, was Menschen geschaffen haben, existierte vorher in ihrem Geist. Ob materielle Dinge wie Geräte, Häuser, Autos oder immaterielle wie Geschichten, Filme, Musik. Hier haben wir wieder das Gesetz wie unten – so oben, und wie innen – so außen. Jeder Erfolg war vorher eine Idee, also vorher innen. Der menschliche Geist ist eine unversiegbare Quelle. Wo liegen die Grenzen?

Was immer der menschliche Geist sich vorstellen und woran immer er glauben kann, das kann er auch erreichen.
Napoleon Hill

Was nützt uns aber das beste Werkzeug, wenn wir nicht wissen, wie es zu bedienen ist. Stellen Sie sich vor, sie hätten einen Hubschrauber im Garten und wüssten nicht, wie man damit fliegt. Dann könnten Sie ihn auch nicht fliegen. Sie müssten erst lernen, damit umzugehen. Ein Hubschrauber existierte übrigens auch vorher im menschlichen Geist. Sie müssen also lernen, wie Sie dieses machtvolle Werkzeug zu Ihrem Vorteil nutzen. Wenn Ihnen das gelingt, ist das Mindeste, was Sie damit erreichen könnten, ein neuer Job mit gutem Einkommen, glauben Sie mir. Natürlich gibt es auch viele erfolgreiche Menschen, die die geistigen Gesetzmäßigkeiten unbewusst nutzen. Es gab einmal einen deutschen Sänger, der überhaupt nicht gut singen konnte. Aber er glaubte fest an seinen Erfolg und daran, dass er gute Musik macht. Heute beherrscht er die deutsche Musikindustrie. Selbst die Lieder, die er selbst gesungen hat, waren recht erfolgreich. Na, wissen Sie, wer es ist? Bevor wir uns aber dem praktischen Teil widmen, müssen wir den menschlichen Geist oder den Menschen etwas besser verstehen. Dann können wir die Kräfte optimal für uns nutzen. Dazu müssen wir auch Folgendes noch wissen.

Alles in unserer Welt beruht auf Aktion und Reaktion sowie auf Ursache und Wirkung. Das heißt Kausalprinzip. Wenn wir einen Gedanken haben, muss dieser erst eine Aktion auslösen. Das heißt dann logisch gefolgert, dass der Gedanke als Wirkung die Aktion gebiert. Auf jeder Aktion folgt dann eine Reaktion. Daraus lässt sich erneut schließen, dass wir zu jeder gewünschten Reaktion zuvor einen Gedanken haben müssen. Dieser Gedanke könnte ein Wunsch im positiven oder Angst im negativen Sinne sein. Die wirkliche Ursache ist im Geistigen zu suchen, also nicht die Aktion, sondern immer der Gedanke, also Geist. Dieses Prinzip gilt nicht nur bei materiellen Gegenständen, sondern bei allem, was wir so machen. Wenn ich in den Urlaub will, stelle ich es mir vorher vor, und formuliere unbewusst einen Wunsch, wie er sein soll. Dieses Prinzip kann aber auch Schlechtes hervorbringen. Aus mit Gedanken genährtem Hass kann z.B. Mord oder Diebstahl entstehen. Wenn sich jemand schon gedanklich von seinem

Partner trennt, wird daraus die Scheidung, sofern wir nicht unsere schlechten destruktiven Gedanken durch aufbauende ersetzen. Auch Arbeitslosigkeit hat als Ursache einen Gedanken. Es besteht die Möglichkeit, dass Ihnen Ihre Arbeit keinen Spaß mehr gemacht hat. Die Wirkung war, dass Sie die Arbeiten nicht mehr gut erledigten, was später zu einer Kündigung führte. Es kann aber auch sein, dass Sie das Opfer eines Gedankens eines anderen waren. Wenn beispielsweise ein Unternehmer aus Gedanken an Mangel oder Gier der Meinung ist, Menschen zu entlassen. Bis jetzt können wir also weiter folgern, dass die Gedanken wahrhaft viel bewirken können und die Ursache aller Dinge sind. Gedanken aber sind das Produkt des menschlichen Geistes. Damit haben wir unsere Reaktionskette schon fast komplett und können bald damit arbeiten. Fassen wir noch einmal alles zusammen in dem folgenden Diagramm.

Gedanke	→	**Handlung**	=	**Aktion**	→	**Reaktion**
Ursache	→	**Wirkung**	=	**Aktion**	→	**Reaktion**

Jede Reaktion ist wiederum eine Aktion, worauf wiederum eine Reaktion folgt, wenn diese nicht bewusst unterbunden wird. Wenn wir diese Kette daran rückwärts verfolgen, kann uns eine vorherige Aktion als Ursache vorkommen. Aber wenn wir diese dann weiter verfolgen, steht als wahre Ursache immer ein Gedanke. Wir erkennen also, dass die Ursache aller Dinge immer geistigen Ursprungs ist. Diese Verkettung von Ereignissen nennt man Kausalitätskette.

Nun ist die Sache aber nicht ganz so einfach. Es reicht oft nicht, einfach zu denken, denn tun wir denn immer das, was wir wollen? Wollen wir nicht abnehmen und Gewicht verlieren? Und was tun wir? Wir essen und nehmen weiter zu!

Wir wollen mit dem Rauchen aufhören, rauchen aber immer mehr! Beachten Sie auch folgendes Bibelwort zu diesem Zwist:

Wollen habe ich wohl, aber das Gute vollbringen, das kann ich nicht.
Denn das Gute, das ich will, das tue ich nicht; sondern das Böse, das ich nicht will, das tue ich. Wenn ich aber tue, was ich nicht will, so tue nicht ich es, sondern die Sünde, die in mir wohnt. So finde ich nun das Gesetz, das mir, der ich das Gute tun will, das Böse anhängt. Denn ich habe Lust an Gottes Gesetz nach dem inwendigen Menschen. Ich sehe aber ein anderes Gesetz in meinen Gliedern, das widerstreitet dem Gesetz in meinem Gemüt und hält mich gefangen im Gesetz der Sünde, das in meinen Gliedern ist. Ich elender Mensch! Wer wird mich erlösen von diesem todverfallenen Leibe?
Römer 8,18-24

Also scheint es nicht nur unseren Willen zu geben, sondern noch irgendetwas anderes, was uns beeinflussen kann. Wir stellen fest, dass unser Geist zwei Naturen hat, die sehr oft miteinander streiten. Die eine Natur ist unser Bewusstsein, der analytische, logische, objektive Verstand, und die andere ist die unbewusste emotionale, triebhafte, subjektive Natur. Dieser Aspekt des menschlichen Geistes wird auch Unbewusstes oder Unterbewusstsein genannt. Sie dürfen jetzt auch mal raten, welcher Teil in uns stärker ist? Ich sage es Ihnen. Es ist das Unterbewusstsein. Das Unterbewusstsein wird sich in den meisten Fällen immer durchsetzen. Am deutlichsten zeigt sich das an den menschlichen Trieben. Wir sind zwar in der Lage, diese mit unserem Verstand zu kontrollieren und zu zügeln, in einer Notsituation greift aber das Unterbewusstsein ein und gewinnt die Oberhand. Denken Sie an Angst, Sexualtrieb oder Hunger und Durst. Wenn Sie drei Tage nichts trinken würden und nichts anderes hätten als ein Glas Salzwasser, würden Sie es wahrscheinlich trinken. Ihr Unterbewusstsein ist in der Lage, ihr bewusstes Denken auszuhebeln. Doch Sie können auch die Kontrolle über Ihren subjektiven Geist gewinnen, wie man das macht, zeige ich Ihnen in diesem Buch. Sie können sicher erahnen, was alles möglich wird, wenn Sie die beiden streitenden Naturen vereinen.

Das Erste, was wir tun müssen, um unsere Ziele zu erreichen, ist es, uns zu synchronisieren. Das heißt, wir müssen Harmonie in uns schaffen. Folgern Sie mit mir. Um ein Ziel zu erreichen, reicht es nicht, zu wollen. Es reicht auch nicht der Wunsch dazu. Wir müssen letztendlich auch handeln. Das bedeutet, wir müssen eine Aktion auslösen, die aufgrund unserer Gedanken unserem Wunsch entsprechen soll. Wir müssen also 3 Dinge harmonisch vereinen. Das Bewusstsein, das Unterbewusstsein und unsere Handlungen. Wenn wir Bewusstsein und Unterbewusstsein synchronisieren, kann das auch Glaube genannt werden. Wenn ich (bewusst) an meine Fähigkeiten glaube, nimmt das Ihr Unterbewusstsein an. Wenn jemand z.B. nicht daran glaubt, abnehmen zu können, obwohl wir es wollen, siegt damit unser Unterbewusstsein. Nehmen wir an, Sie legen ein Holzbrett auf den Boden. Dann können Sie einfach darüber laufen. Verbindet dieses Brett aber zwei Klippen über einen Abgrund, der 500 Meter tief ist, könnten Sie daran zweifeln, rüber zu gehen. Das Unterbewusstsein weckt mit dieser Vorstellung die Angst in Ihnen, und Sie sind dann nicht mehr in der Lage, über dasselbe Brett zu gehen, das vorher auf dem Boden lag. Wenn ich aber glaube, mir sogar sicher bin, dass ich einfach darüber gehen kann, ist es kein Problem. Wir müssen also bei allen unseren Vorhaben unser Bewusstsein mit unserem Unterbewusstsein synchronisieren. Das erreicht man durch den Glauben. Wie man das macht und sein Unterbewusstsein bewusst beeinflussen kann, werde ich Ihnen noch genau zeigen. Denn es gibt Möglichkeiten, dem

Unterbewusstsein etwas unterschwellig, also unbewusst, mitzuteilen, ohne dass wir durch unsere bewussten Gedanken gestört werden. Das heißt vereinfacht, wir lernen, etwas zu glauben, was wir vielleicht gar nicht glauben können. Das aber später! Wir sind uns aber bis hierhin einig, dass wir Harmonie in unserem Geist herstellen müssen. Doch Glaube allein kann zwar viel bewirken, reicht aber nicht aus.

Mit Glauben allein kann man sehr wenig tun, aber ohne ihn gar nichts.
Samuel Butler

Uns fehlt noch die Handlung. Wir müssen handeln. Es reicht ja nicht, wenn wir bei einem Wettlauf gewinnen wollen, und sogar daran glauben. Wir müssen auch rennen, damit wir es schaffen.

So ist auch der Glaube, wenn er nicht Werke hat, tot in sich selber.
Jakobus 2, 17

Der Glaube muss die Tat hervorrufen. Wenn wir das mit unseren geistigen Gesetzen vergleichen, muss die Ursache mit einer Aktion eine Wirkung erzielen, denn sonst ist Sie keine Ursache. Ohne Aktion keine Reaktion. Das ist doch alles sehr logisch. Um unser Ziel nun zu erreichen, müssen drei Dinge oder Kräfte harmonisch übereinstimmen.

Bewusstsein (Ich) Unterbewusstsein (Es) Die Tat (Aktion)

Das sind die drei Kräfte. Diese müssen übereinstimmen, in Harmonie sein. Wenn eines von beiden nicht stimmt, herrscht Disharmonie oder auch Chaos. Wir wollen dann, aber vollbringen nicht. Wir wollen Diät machen, denken aber ans Essen. Das Unterbewusstsein meint, wir wollen essen, und als Aktion folgt dann, dass wir essen. Somit haben wir unser Ziel nicht erreicht. Wenn wir aber davon überzeugt wären und glauben würden, dass Essen etwas Schlechtes für uns ist, würden wir unbewusst nicht mehr essen wollen. Die Wirkung wäre dann, dass wir nicht mehr so viel zu uns nehmen wollen. Das ist ein Beispiel dafür, dass alle drei Kräfte synchron arbeiten. Wenn diese drei übereinstimmen, können wir alles schaffen. Die Kenntnis über die Wirkungsweise dieser Prinzipien ist von höchster Wichtigkeit. Denn die Unkenntnis der Prinzipien ist verantwortlich dafür, dass viele Menschen mit allen möglichen Projekten und Zielen scheitern. Es gibt Menschen, die arbeiten sehr hart und opfern sich auf und werden immer ärmer und kommen zu nichts. Dann gibt es wieder andere, die weniger tun und auch weniger Fähigkeiten haben, aber trotzdem die Karriereleiter aufsteigen. Das liegt daran, dass diese Menschen unbewusst oder bewusst die geistlichen Prinzipien anwenden. Wenn Bewusst- und Unterbewusstsein nicht in dieselbe Richtung wollen, scheitern wir. Wir erreichen unsere Ziele nicht, sei es, ob wir eine Diät machen, aufhören wollen zu rauchen, eine Gehaltserhöhung bekommen wollen oder einfach nur einen neuen Job finden. Das Prinzip der beiden streitenden Naturen werden wir später in einem kleinen Experiment noch einmal ganz deutlich machen.

Jetzt könnten Sie sich fragen: Was hat das alles mit mir zu tun? Jetzt, da Sie sich bewusst sind, wie Ursache und Wirkung funktionieren und sich im Klaren sind, wie geistige Gesetze funktionieren, wollen wir diese für uns arbeiten lassen. Das Mindeste, was wir erreichen wollen ist, dass Sie einen neuen guten Job bekommen. Es könnte auch passieren, dass Sie einen Geistesblitz bekommen, eine Idee haben und Millionär werden.

Oder sie fangen an zu singen und werden ein Popstar. Theoretisch ist alles möglich, woran Sie glauben können. Aber lassen Sie uns erst damit anfangen, ein geringeres Ziel, wie eine neue Arbeitsstelle, zu erreichen. In den folgenden Kapiteln kommen wir zum praktischen Teil und lernen, wie wir unsere drei Kräfte synchronisieren. Deshalb muss ich Sie an dieser Stelle noch einmal bitten, auf meine Ratschläge zu hören, auch wenn Sie sich vielleicht dabei albern vorkommen mögen. Wir werden als erstes versuchen, unsere Gedanken zu formulieren und damit ein Ziel festzusetzen. Dabei werden wir herausfinden, was wir dazu benötigen. Danach überzeugen wir unser Unterbewusstsein. Dadurch entstehen bewusste und auch unbewusste Vorgänge in uns, die eine Handlung nach sich ziehen. Diese Handlung ist die Fusion von Bewusstsein und Unterbewusstsein. Sie werden dann anfangen, unbewusst Dinge zu tun, auf die Sie niemals gekommen wären. Sie ziehen Gelegenheiten und Chancen automatisch an und werden etwas auf andere Menschen ausstrahlen. Ihre Aktionen lösen Reaktionen aus, die wieder zu Ihnen zurückfinden. Sie werden das Gefühl haben, das Schicksal steht ab jetzt auf Ihrer Seite. Sie werden gewinnen, Sie ändern ab jetzt alles. Wenn Sie jetzt entschlossen sind, weiter zu machen, haben Sie schon so gut wie gewonnen.

Wahrscheinlich ist der Grund, warum Sie dieses Buch jetzt lesen, ebenfalls aufgrund von unbewussten Aktionen geschehen. Weil Sie innerlich etwas ändern wollten und Hoffnung hatten, an Ihrer Situation etwas zu ändern. Sie haben angefangen zu handeln und dieses Buch entdeckt. Möglich wäre auch, dass Ihr Unterbewusstsein anderen Menschen auf unterschwellige Art mitgeteilt hat, Ihnen zu helfen, und jemand hat Ihnen dieses Buch geschenkt. Deshalb hören Sie auf, nun an Zufälle zu glauben. Alles, was passiert, hat eine Ursache und einen Grund. Die Kraft, die Sie vorher unbewusst vielleicht zu Ihrem Schaden genutzt haben, werden Sie jetzt bewusst nutzen und damit erstaunliche Reaktionen zu Ihren Gunsten hervorbringen. Fangen wir also jetzt damit an, Harmonie in Ihrem Geist zu schaffen. Wir beginnen nun nacheinander Ihr Bewusstsein, Unterbewusstsein und Handeln auf ein Ziel auszurichten. Damit werden Sie Herr über die Umstände in Ihrem Leben werden und sind Ihnen nicht länger hilflos ausgeliefert. Glauben Sie an die geistigen Kräfte. Genauso wie es möglich ist, Krankheiten wie Magengeschwüre, Krebs, Schuppen etc., psychosomatisch zu verursachen, können Sie Ihren Geist auch auf Gesundheit und Reichtum richten. Fangen wir also damit an, die drei Kräfte in Einklang zu bringen. – Jetzt.

Zusammenfassung

1. Merken Sie sich Folgendes: Wie oben – so unten, wie innen – so außen, wie der Teil – so das Ganze.

2. Alles, was der Mensch sich vorstellen kann, ist theoretisch auch machbar, wenn er es glauben kann.

3. Glaube ohne Werke ist tot. Handeln wir nicht, dürfen wir auch keine Reaktion erwarten.

4. Glaube heißt auch Vertrauen.

5. Jede Idee, Erfindung und jeder Gegenstand existierte vorher als Gedanke eines Menschen.

6. Gedanken sind die Ursache aller Dinge.

7. Unser Geist hat zwei Naturen die gegeneinander streiten können.

8. Wenn Bewusstsein und Unterbewusstsein synchron arbeiten und darauf Taten folgen, können wir alles erreichen, was möglich ist.

9. Es gibt keinen Zufall.

Die erste Kraft
Ihr Bewusstsein

Du kannst Dein bester Freund, aber auch Dein größter Feind sein.
Es liegt an Dir, wie Du Dich selber siehst.

Mandreako

So ist es. Mit Ihrem Bewusstsein sehen Sie sich selbst und andere Menschen. Mit Ihrem Bewusstsein definieren Sie sich. Es ist das Ich. Es prägt sich durch gesammelte Erfahrungen und Lernstoffe. Aufgrund dieser gesammelten Erfahrungen und des erworbenen Wissens beurteilen Sie die Sachlage und treffen Entscheidungen. Sie entscheiden, wählen aus, analysieren, rechnen, planen und Sie denken damit. Ihr Bewusstsein ist ein Werkzeug, das sich zu nutzen lohnt. Denn wir bezeichnen hier auch das Bewusstsein als unsere erste Kraft, und kommen damit auch bald zum praktischen Teil unserer Arbeit. Sie werden lernen, wie Sie Ihr Bewusstsein als Werkzeug zu Ihren Gunsten nutzen können. Ihr Bewusstsein ist ein Teil unserer drei Kräfte, die es zu aktivieren gilt und mit den anderen Kräften in Harmonie zu bringen. Deshalb fangen wir auch damit an, uns etwas bewusst zu werden. Wie der Name Bewusstsein ja sagt, sind wir uns etwas bewusst, nämlich uns und unserer Umgebung. Doch wir sind uns nicht allem bewusst, sondern nur, worauf wir unsere Aufmerksamkeit richten. Wir können daher den Schluss ziehen, dass wir unser Bewusstsein durch unsere Aufmerksamkeit schon mal lenken können. Werden Sie sich doch z.B. mal den Druck von der Stuhllehne in Ihrem Rücken bewusst. Oder achten Sie mal auf Ihre Hände. Die linke Hand fühlt sich nämlich anders an als die rechte. Wahrscheinlich sind

Sie sich gerade auch nicht bewusst, dass draußen die Vögel zwitschern. Erst nachdem Sie Ihre Aufmerksamkeit auf diese Dinge gerichtet haben, wurden Sie sich dessen bewusst. Und genauso stehen Ihnen wirklich fantastische Möglichkeiten offen, Sie müssen sich ihrer nur bewusst werden. Fangen Sie an, Ihr Bewusstsein zu lenken. Lenken Sie es ab jetzt gezielt nur auf Positives. Seien Sie wie der berühmte Optimist, der zu einem halbleeren Wasserglas sagt, es sei halbvoll. Denn lenken Sie Ihre Aufmerksamkeit auf schlechte negative Dinge, werden Sie sich wahrscheinlich auch schlecht fühlen. Dadurch, dass Sie sich auf Schlechtes konzentrieren, finden Sie immer nur noch mehr Schlechtes, und es geht Ihnen dabei immer nur noch schlechter. Und wenn es Ihnen schlechter geht, haben Sie natürlich wieder neuen Grund zu klagen. Stoppen Sie diesen Teufelskreis! Versuchen Sie eine dankbare und positive Geisteshaltung zu gewinnen. Richten Sie Ihr Augenmerk auf das, was Sie haben. Wenn Sie im Moment arbeitslos sind, heißt das noch lange nicht, dass alles vorbei ist. Schauen Sie doch z.B. mal nach Mexiko. Wenn dort jemand arbeitslos wird, bedeutet das nicht nur, dass er seinen Lebensstil einschränken muss, sondern er ist existenziell bedroht. Dort gibt es kein soziales Netz was Ihn auffangen wird. Er wird sich auch keinen Arzt mehr leisten können, wenn es ihm schlecht geht. Sein Leben ist akut bedroht. Vergleichen Sie diesen Zustand doch mal mit unserem westlichen Standard. Wir bekommen unsere Miete bezahlt und können uns trotzdem Nahrung leisten. Sollte unser Fernseher den Geist aufgeben, können wir ein Formular ausfüllen und der Staat schenkt uns einen neuen. Ihre Kinder können weiter zur Schule gehen und bekommen in der Regel sogar die Schulbücher bezahlt. Das Beste ist sogar, der Staat zahlt für Sie und Ihre ganze Familie die Krankenversicherung. Wir sind also im Grunde genommen immer noch gut aufgehoben. Stellen Sie sich jetzt einmal vor, die ganze Welt wäre ein Dorf von nur 100 Menschen. Wenn Sie aber auf die

Proportionen aller bestehenden Völker achten würden, wäre dieses Dorf so zusammengestellt:

57 Asiaten
21 Europäer
14 Amerikaner (Nord und Süd)
8 Afrikaner

52 wären Frauen
48 wären Männer

70 Nicht-weiße
30 Weiße

89 heterosexuelle
11 homosexuelle

6 Personen würden 59 % des gesamten Weltreichtums besitzen und alle 6 Personen kämen aus den USA. 80 hätten keine ausreichenden Wohnverhältnisse, 70 wären Analphabeten, 50 wären unterernährt.

1 würde sterben
2 würden geboren
1 hätte einen PC
1 (nur einer) hätte einen akademischen Abschluss

Wenn man die Welt aus dieser Sicht betrachtet, wird jedem klar, dass das Bedürfnis nach Zusammengehörigkeit, Verständnis und Akzeptanz besteht und Bildung notwendig ist. Denken Sie darüber nach.

Falls Sie heute Morgen gesund aufgewacht sind, sind Sie glücklicher als 1 Millionen Menschen, welche die nächste

Woche nicht erleben werden. Falls Sie nie einen Kampf des Krieges erlebt haben, nie die Einsamkeit durch die Gefangenschaft, die Agonie des Gequälten oder Hunger gespürt haben, dann sind Sie glücklicher als 500 Millionen Menschen der Welt.

Falls sich in Ihrem Kühlschrank Essen befindet, Sie angezogen sind, ein Dach über dem Kopf haben und ein Bett zum Hinlegen, sind Sie reicher als 75 % der Einwohner dieser Welt. Das bedeutet, dass ein Arbeitsloser in unserem Land reicher als 75% der gesamten Weltbevölkerung ist.

Falls Sie ein Konto bei der Bank, etwas Geld im Portemonnaie und etwas Kleingeld in einer kleinen Schachtel haben, gehören Sie zu 8 % der wohlhabenden Menschen auf dieser Welt.

Wenn Sie das hier lesen, sind Sie doppelt gesegnet worden, denn 1. Jemand hat an Sie gedacht und 2. Sie gehören nicht zu den 2 Milliarden Menschen, die nicht lesen können.

Es mögen nicht alle Relationen genau stimmen, aber die Zahlen sollten uns zum Nachdenken stimmen, wie reich gesegnet wir im Grunde sind.

Doch warum sind viele Menschen dann immer noch so unzufrieden? Das liegt zunächst natürlich daran, dass der Mensch etwas gemäß seiner Berufung tun muss, also arbeiten, um glücklich zu sein. Das zweite liegt an unserer Gesellschaft. In den fünfziger Jahren wurden normalerweise teure Haushaltsgeräte und andere Dinge für Privathaushalte erschwinglich. Man produzierte und produzierte. Doch niemand wollte alle diese Dinge haben. Es gab also jede Menge Waren, die kein Mensch haben wollte. Die Menschen waren zufrieden. Daran musste also etwas geändert werden.

Man bemerkte, dass der Mensch sich ständig mit anderen vergleicht und immer danach strebt, mit allen in Harmonie und Gleichheit zu leben. Doch was passiert, wenn der Nachbar plötzlich ein neues Auto fährt und wir ein altes. Dann wird das gleiche symmetrische zum ungleichen asymmetrischen. Eine sogenannte Dissonanz entsteht. Das bedeutet, dass wir anfangen, uns unwohl zu fühlen. Wir werden unzufrieden. Diesen Effekt wollte man nun bewusst ausnutzen um Produkte zu verkaufen. Das war die Geburtsstunde der Reklame. Wenn Sie sich mal alte Werbespots aus den fünfziger und sechziger Jahren ansehen, werden Sie erkennen, dass die Handlungen immer in Familien stattfinden. Es wurde der Bevölkerung gezeigt wie eine perfekte Familie auszusehen hat. Die perfekte Familie hatte eine neuartige Waschmaschine und ein neues Auto. Eine Familie konnte sich diese Ausstattung leisten und andere Familien zogen nach, und fingen ebenfalls damit an, bestimmte Produkte zu kaufen. Dieser Dissonanz-Effekt ist wie ein Strohfeuer, was sich immer weiter ausbreitet. Der Werbespott selbst bringt den ganzen Stein nur ins rollen. Dieses Phänomen lässt sich immer dann beobachten, wenn etwas in Mode kommt oder sogar zum Statussymbol erklärt wird. Denken Sie dabei an Handys, Piercings oder Tamagotchies. Die Werbung heute ist schon wesentlich raffinierter geworden, doch nichts ist so ansteckend wie ein Trend, der künstlich hervorgerufen wird. Gerade bei Kindern lässt sich das beobachten. Ein Beispiel dafür sind die Harry Potter Bücher, die zum Trend geworden sind. Die meisten Kinder lesen sie gar nicht oder finden die Bücher gar nicht gut. Doch jedes Kind muss eins haben. Jetzt können Sie natürlich sagen, da wird ja bewusst Unzufriedenheit gesät. Dann bringen Sie es jetzt auf den Punkt. Werbung und Trends sind nichts anderes, als den Menschen unzufrieden zu machen. Diese Unzufriedenheit lässt sich aber mit Produkt A oder B wieder lindern. Beachten Sie auch folgendes Zitat von einem ehemaligen General Motors Chef:

>>Der Schlüssel zum Wirtschaftswachstum ist die gezielte Verbreitung von Unzufriedenheit.<<
Charles Kettering

Auf diese Weise wurde bewusst der Konsument erschaffen. Machen Sie sich also jetzt bewusst, dass die meisten Unzufriedenen Opfer von Manipulationen sind. Nehmen Sie auch Ihre Probleme mal unter die Lupe. Eventuell entdecken Sie ja bei sich eine gesäte Unzufriedenheit. Lassen Sie sich in Zukunft auch nicht mehr manipulieren, denn Sie wissen jetzt, dass es eine Verkaufsstrategie ist, damit Sie Produkte haben wollen, die Sie im Endeffekt gar nicht brauchen. Wenn Sie das erkannt haben, haben Sie sich schon ein Stück von dem gefährlichen Massendenken gelöst. Sie sind jetzt in der Lage, künstlich erzeugte Wünsche in Ihren Gedanken zu eliminieren, und sich auf die wichtigen Ziele konzentrieren. Denn dadurch, dass Sie sich immer wieder auf andere Kleinigkeiten konzentrieren, werden Sie abgelenkt und verschenken Ihre wertvolle Energie. Denken Sie auch daran, dass Sie reicher als 75% der gesamten Weltbevölkerung sind. Sie gehören zu den 8% der wohlhabenden Menschen dieser Welt. Das ist eigentlich ein Grund, sich zu freuen. Außerdem wissen Sie jetzt, was ich damit meine, in Zukunft Ihr Bewusstsein auf Positives zu lenken. Wenn Sie vielleicht krank sind, freuen Sie sich an dem, woran Sie gesund sind. Wenn Sie das hier lesen können, haben Sie zwei gesunde Augen und einen guten Verstand. Auch das ist ein Grund sich zu freuen. Lenken Sie doch auch einmal Ihre Aufmerksamkeit auf sich.

»Jeder Mensch ist ein anderer Gedanke Gottes.«
Leopold Ranke

Sie sind wirklich einmalig. Es gab und wird niemals mehr einen Menschen geben, der wie Sie ist. Sie haben nicht nur körperliche Merkmale wie Fingerabdrücke, Augen, Zähne und Blut, sprich DNS, die kein anderer Mensch hat. Sie sind auch mit Ihren Gedanken einmalig. Wenn Sie sich jetzt einmal an unsere geistigen Gesetze erinnern, von Ursache und Wirkung, und an die Aussage von, wie unten – so oben, dann können Sie auch den Schluss ziehen, dass sie wirklich ein Gedanke Gottes sind. Wenn menschliche Gedanken die Ursache für menschliche Schöpfungen (wie unten) sind, dann kann man theoretisch nur auf Grund von geistigen Gesetzen auch davon ausgehen, dass Sie ebenfalls der Gedanke einer höheren Macht (so oben) sind. Damit sind Sie nicht nur einmalig, sondern auch gewollt. Ihre Existenz ist kein Zufall. Etwas Einmaliges, was niemals wieder in dieser Form existieren wird, ist zudem auch unendlich wertvoll. Doch nicht nur Sie, sondern auch Ihre Mitmenschen sind alle für sich wertvoll. Denken Sie daran, wenn Sie das nächste Mal einen Menschen beobachten. Denken Sie daran, dass es niemals wieder solch ein Geschöpf wie ihn oder sie geben wird. Dass so etwas wie Einzigartigkeit möglich ist, zeigt die Natur in mannigfaltiger Weise in verschiedenen Dingen. Keine Schneeflocke ist die gleiche. Jede Schneeflocke, die sich bildet, ist ein einmaliger Schneekristall, dessen Form unter dem Mikroskop betrachtet, niemals wieder vorkommen wird. Genauso ist es mit den Sternen, die Sie am Himmel entdecken können.

Ihr Körper ist ein Wunderwerk. Sie können schmecken, riechen, fühlen, hören, sehen und denken. Sie können Informationen (Gedanken) durch Schall (sprechen) in ein anderes Gehirn übertragen (hören), oder die Information einfach speichern (aufschreiben). Man könnte Bücher füllen über die Wunder des menschlichen Körpers und dessen Fähigkeiten. Das erstaunlichste Organ des Menschen aber ist sein Gehirn. **100 Milliarden** Zellen enthält das Gehirn, die über 100 Billionen Querverbindungen haben. Es macht 2 Prozent der Körpermasse aus, braucht jedoch 20 Prozent des vom Körper aufgenommenen Sauerstoffs. Mehr als 200.000 Impulse, die mit 290 Stundenkilometern fortgeleitet werden, kann eine Nervenzelle gleichzeitig verarbeiten (Quelle Bild 2004). Und glauben Sie auf keinen Fall, dass sie weniger als andere vermögen, denn Sie haben die gleiche Ausstattung. Sie können das gleiche mit einem Strohhalm tun wie ein anderer. Ihr Nachbar kann mit einem Hammer auch nicht mehr ausrichten als Sie. Sie sind also ein einmaliges Wesen, das wunderbar gemacht ist und wirklich fantastische Fähigkeiten besitzt.

Das alles ist nicht dazu da, ungenutzt zu bleiben. Es ist nicht Ihr Schicksal, unglücklich oder sogar arbeitslos zu sein. Machen Sie sich jetzt wirklich bewusst, dass Sie ein einmaliges kostbares Wesen mit einzigartigen Fähigkeiten sind. Diese Fähigkeiten wurden Ihnen gegeben, um sich und Ihre Mitmenschen damit zu erfreuen. Es ist der Sinn des Lebens, unsere Fähigkeiten zu nutzen, denn dafür wurden Sie uns gegeben. Daher haben Sie das göttliche Recht auf Arbeit. Sie haben alleine durch Ihre Existenz ein Recht auf Arbeit, von der Sie leben können. In sämtlichen Menschenrechtsverfassungen und religiösen Katechismen wird Ihnen dieses Recht zugesprochen. Sie brauchen sich also nicht als Bittsteller zu fühlen, wenn Sie zu einem Vorstellungsgespräch oder zum Arbeitsamt gehen, denn Sie fordern Ihr Recht ein. Wenn Ihnen jemand Geld schuldet, gehen Sie auch nicht hin und fühlen sich wie ein Bettler, sondern Sie wissen, dass Sie ein Anrecht auf dieses verliehene Geld haben. Genauso haben Sie auch das Recht auf eine Arbeit, von der Sie gut leben können. Machen

Sie sich bitte dieses Recht bewusst. Dadurch ändern Sie nämlich bewusst Ihre innere Einstellung und strahlen etwas Forderndes und Selbstbewusstes aus, was Eindruck auf einen potenziellen Arbeitgeber machen wird. Jemand, der weiß, dass er das Recht auf Arbeit hat, der wirkt entschlossener als jemand, der hofft, arbeiten zu dürfen. Die Einstellung eines Menschen ist für andere Menschen spürbar. Vielleicht haben Sie schon mal gemerkt, wie von jemandem, der schlechte Laune hat, negative Schwingungen ausgehen. Es gibt auch Menschen, die eine so starke Macht und Entschlossenheit ausstrahlen, dass andere in ihrer Nähe sich eingeschüchtert fühlen oder sogar zu stottern anfangen. Sie können auch bei ruhigen Typen und ausgeglichenen Menschen oft die Ruhe und Gelassenheit wahrnehmen, die sie ausstrahlen. So eine Ausstrahlung lässt sich durch die innere Einstellung steuern. Ist jemand ängstlich, spüren wir das sehr schnell, und manchmal gibt es Leute, die so etwas dann für ihre Zwecke ausnutzen. Kommt dieser Mensch ihnen dann aber stark vor, lassen sie ihn in Ruhe. Wenn Sie sich also bewusst machen, dass Sie ein einmaliger wertvoller Mensch sind, und wissen, dass Sie das Recht auf Arbeit haben, dann haben Sie schon etwas in sich verändert, was auf andere Menschen ausstrahlt. Sie werden so auch bessere Chancen in einem Vorstellungsgespräch haben, als jemand, der schon viele Rückschläge erlitten und innerlich bereits aufgegeben hat. Selbst, wenn ein Mitbewerber vielleicht bessere Qualifikationen hat, wird sich der potenzielle Arbeitgeber wahrscheinlich für den entscheiden, der Entschlossenheit, Selbstbewusstsein, Klarheit und Eifer zeigt und ausstrahlt. Wir alle verfügen über Qualifikationen, aber nur, der sie durch seine Ausstrahlung verkaufen kann, wird auch davon profitieren. Nehmen Sie als Beispiel einen Versicherungsverkäufer, der alle möglichen Verkaufstechniken studiert hat und über ein fundiertes Fachwissen verfügt, aber eine selbstbemitleidende Einstellung hat und ausstrahlt. Er wird sein Wissen wahrscheinlich nicht so einsetzen wie er es sollte, da er ja nicht so richtig daran glaubt. Oder er fühlt sich sogar dazu gezwungen, Zahlen zu machen, sonst verliert er eventuell seinen Job. Dieser wird wahrscheinlich weniger Versicherungen verkaufen als ein Quereinsteiger, der ehrlich, sympathisch, klar und entschlossen wirkt, sich und seinen Nächsten Gutes zu tun. Durch die richtige innere Ausstrahlung wirken Sie auf viele Menschen sympathisch. Meistens entscheiden wir schon in Sekundenbruchteilen, ob wir jemanden mögen oder nicht, obwohl wir noch kein Wort mit diesem Menschen geredet haben. Wenn Sie auch Ihre Mitmenschen als wertvolle einmalige Geschöpfe betrachten, wirken Sie positiv auf andere und ernten ihr Vertrauen schneller, als wenn Sie andere Menschen innerlich als Arbeit oder Mühsal betrachten. Sie hatten bestimmt auch schon einmal das Erlebnis, einen Verkäufer angesprochen zu haben, und dann gespürt, dass Sie ihn nur stören. Sie haben also, obwohl es Ihnen dieser Mensch nicht gesagt hat, gespürt, und unbewusst anhand der Gesichtszüge wahrgenommen. Der Verkäufer selbst hat Sie wahrscheinlich in diesem Moment als störende Arbeit empfunden. Je nachdem, wie intensiv die Einstellung oder Emotion einer Person ist, desto stärker wirkt seine Ausstrahlung. Bei einigen Leuten spricht man dann von Charisma, Ausstrahlung, Schwingungen, oder das gewisse Etwas. Nutzen Sie dieses Wissen für sich. Sie können auch viel unterschwellig von anderen Menschen erfahren, wenn Sie auf die Schwingungen anderer Menschen achten. Sie können aber noch viel mehr als nur Ihre Ausstrahlung ändern.

Mit Ihrem Bewusstsein sammeln Sie außerdem gezieltes Wissen, und aufgrund des gesammelten Wissens fällen Sie Entscheidungen. Ein Richter fällt erst dann ein Urteil, wenn er sich über alle Begebenheiten genauestens informiert und alle Zeugen befragt hat. Und genau das haben wir bis jetzt auch getan. Sie haben schon einiges über Arbeitslosigkeit, geistige Gesetze und ihre Einzigartigkeit gelernt und können das Urteil fällen, dass Sie etwas tun können und in keinster Weise wertlos oder hilflos sind. Dieses Bewusstsein sollte in Ihnen nun auch den Willen hervorrufen, etwas zu ändern. Sie sollten erkannt haben, dass Ihre Möglichkeiten noch lange nicht am Ende sind. Wichtig ist jetzt, dass Sie sich wirklich eine Veränderung in Ihrem Leben wünschen. Denn wo kein Wille ist, da ist auch kein Weg. Um weitere Schritte zu unternehmen, müssen Sie den Wunsch haben, Ihre Situation zu verändern. Ich rede nicht von einem starken Willen eines Besessenen, sondern einfach vom Willen, etwas zu tun. Wenn Sie diesen Willen haben, dann haben wir bereits geschafft, unsere erste Kraft auszurichten. Nämlich das menschliche Bewusstsein. Alle bisherigen Kapitel waren darauf abgezielt, Ihrem Bewusstsein die nötige Veränderung zu bringen. Diese Veränderung zeigt sich durch neues Selbstbewusstsein und den Willen, etwas zu tun. Sie können auch erkennen, ob Sie diesen Willen haben. Wenn Sie meine Ratschläge bis hierhin befolgt und sich z.B. eine ehrenamtliche Tätigkeit gesucht haben, dann haben wir unsere erste Hürde bereits überwunden. Sie wollen. Diesen Willen werden wir jetzt als Zündfunken nutzen, um die zweite Kraft zu aktivieren. Das Unterbewusstsein. Sie werden sehen, dass es absolut keine Rolle spielen wird, was vorher war, sondern nur noch das, was kommt. Es ist auch gleichgültig, was Sie bisher im Leben getan oder gelernt haben. Alle nötigen Veränderungen werden sich einstellen. Sobald wir die zweite Kraft aktivieren, wird sich alles wie von selbst ergeben.

Zusammenfassung

1. **Wir können unser Bewusstsein lenken. Richten Sie es daher nur noch auf Positives.**

2. **Sie sind reicher als 75 % der Einwohner dieser Welt.**

3. **Wenn Sie Guthaben haben, gehören Sie zu den 8% der wohlhabendsten Menschen der Welt.**

4. **Die Medien säen absichtlich Unzufriedenheit, damit Sie Produkte kaufen. Lösen Sie sich daher von künstlicher Unzufriedenheit und konzentrieren Sie sich auf Ihre wahren Ziele.**

5. **Lösen Sie sich vom Massendenken.**

6. **Sie sind einmalig und besitzen wertvolle Fähigkeiten. Sie sind in jeder Hinsicht etwas ganz Besonderes.**

7. **Sie verfügen über 100 Milliarden kleiner Helfer. Ihre Gehirnzellen.**

8. **Es ist nicht Ihr Schicksal, arbeitslos oder arm zu sein.**

9. **Es ist Ihr von der Gesellschaft und Gott gegebenes Recht zu arbeiten und Einkommen zu haben. Verinnerlichen Sie sich diese Wahrheit, um Ihre Ausstrahlung zu verändern.**

10. **Wir können unsere Ausstrahlung bewusst beeinflussen und unsere Mitmenschen damit unterschwellig beeindrucken.**

Die zweite Kraft
Ihr Unterbewusstsein

Wenn der geworfene Stein Bewusstsein hätte, so würde er sagen,
ich fliege, weil ich will.
Blaise Pascal

In diesem Kapitel untersuchen wir jetzt die zweite große Kraft, die in Ihnen schlummert. Es ist die zweite Natur Ihres Geistes, das Unterbewusstsein. Um das Unterbewusstsein zu beschreiben und um sich dessen Dimension bewusst zu machen, wird gerne das bekannte Eisberg-Modell von Siegmund Freud herangezogen. Stellen Sie sich nun einen Eisberg vor, dessen Spitze aus dem Wasser ragt. Der sichtbare Bereich des Eisberges beträgt 10 % des gesamten Berges. Unter dem Wasser befinden sich die anderen 90%. Diese Metapher soll das Verhältnis zwischen Bewusst- und Unterbewusstsein verständlich machen. Der ganze Berg stellt unseren Geist dar, während die Eisbergspitze von Freud als das ICH das Bewusstsein darstellt. Das Wasser stellt die Bewusstseinsgrenze dar, worunter sich der wesentlich größere Teil unseres Geistes befindet. Den unteren Teil des Berges bezeichnet Freud als ES, dem Unbewussten. Wenn Sie nun daran denken, dass Sie tatsächlich nur 10% Ihres geistigen Potenzials bewusst nutzen, dürfte Ihnen auch klar sein, welche Möglichkeiten vor Ihnen stehen. Ich wiederhole es noch einmal ausdrücklich, es spielt absolut keine Rolle, was Sie bis jetzt in Ihrem Leben gelernt oder gemacht haben. Wenn Sie lernen, Ihr geistiges Potenzial auszuschöpfen, können Sie nahezu alles erreichen, was Sie sich vorstellen und glauben. Es mag sein, dass bei manchen Menschen die 10% Bewusstseinsebene nicht so gebildet oder trainiert sind wie bei anderen, weil Sie vielleicht nicht genug Aufmerksamkeit bekommen haben. Oder Sie konnten keine Schule besuchen. Aber das ist kein unveränderlicher Zustand. Jeder Mensch hat im Grunde genommen dasselbe Potenzial. Es gibt nur Unterschiede in der Veranlagung, mancher ist mehr künstlerisch aktiv, der andere mehr auf logischen Gebieten. Wenn Sie Ihr unbewusstes Potenzial aktivieren, machen Sie Defizite auf der Bewusstseinsebene mehr als wieder wett. Die geistigen Ressourcen des Unterbewusstseins sind, wie wir noch sehen werden, fast unerschöpflich. Falls Sie also meinen, dass Ihre geistigen Fähigkeiten nicht ausreichen, sind Sie auf dem falschen Weg. Albert Einstein sagte zum Beispiel mal Folgendes:

„Die meisten Menschen nutzen nur fünf bis sechs Prozent ihrer Gehirnkapazität. Ich nutze sieben Prozent!"

Albert Einstein

Sie können mit einigen Methoden die 90%, die Ihr Unbewusstes ausmacht, anzapfen und für sich arbeiten lassen. Diese fast unerschöpfliche Ressource kann geistige Mängel mehr als wieder ausgleichen. Als Beweis kann man dafür Menschen wie Henry Ford oder Thomas Edison heranziehen. Ford hatte so gut wie keine Schulbildung. Er nutze aber unbewusst vielleicht sogar bewusst, seine geistigen Kräfte. Henry Ford wurde damals zu einer der reichsten Männer der Welt und revolutionierte die Industrie mit seiner Erfindung, dem Fließband. Er hatte die Vision von einer mobilen Gesellschaft und wollte bezahlbare Fahrzeuge für alle schaffen.

Das Henry Fords Vision real geworden ist, kann man heute sehen. Extremer sogar noch als zu seinen Lebzeiten. Das alles schaffte er trotzdem ohne große Schulbildung. Wahre Bildung ist, nicht unnützes Wissen zu sammeln, sondern zu wissen, woher wir benötigtes Wissen bekommen. Und ich sage Ihnen, dass in unserer heutigen Zeit mit Internet und Fernsehen praktisch keine Grenzen mehr vorhanden sind. Hätte Henry Ford die Möglichkeiten gehabt, die wir heute haben, er hätte Sie genutzt. Tun Sie das auch. Auch Edison galt in der Schule als Sonderling und wurde als dumm abgestempelt. Als er über Jahre tausendmal versuchte, mit einem Draht und Elektrizität Licht zu erzeugen, wurde er ausgelacht. Doch er schaffte es und erfand die Glühbirne. Ich brauche Ihnen wohl auch nicht zu sagen, was die Menschen über ihn gedacht haben, als er behauptete, die menschliche Stimme durch einen Draht über mehrere Kilometer zu verschicken, als er vorhatte, den Phonographen zu erfinden. Sie alle benutzen Methoden, um das Potenzial Ihres Unterbewusstseins zu nutzen. Wenn Sie dieses Buch gelesen haben und alle wichtigen Gesetzmäßigkeiten kennen und sich vielleicht einmal mit der Biographie dieser oder anderer erfolgreicher Männer beschäftigen, werden Sie entdecken, dass alle im wesentlichen ihre 3 Kräfte synchronisiert haben. Eine Kraft davon ist das Unterbewusstsein. Beachten Sie auch keine weiteren Bemerkungen über unsere heutige Zeit. Oft kann man hören, dass heutzutage alles den Bach runter geht und man keine Chancen mehr hat. Sicherlich war es früher vielleicht etwas leichter selbstständig zu werden oder Arbeit zu bekommen. Dafür haben wir aber heute auch viel mehr Möglichkeiten als früher. Die größte Möglichkeit aber ist das Wissen um die menschliche Psyche, deren Besonderheiten wir gezielt nutzen sollen.

Nun gab es aber auch sehr viele, die behauptet haben, es existiert kein Unterbewusstsein. Dass solche Theorien nicht der Wahrheit entsprechen, kann jeder durch einfache Beobachtungen und Nachdenken prüfen. Ein Indiz für die unterbewusste Tätigkeit sind Träume. Während Ihr Bewusstsein schläft, arbeitet Ihr Unterbewusstsein weiter und verarbeitet Eindrücke und Erlebnisse im Traum. Oft versucht es Ihnen sogar etwas durch Träume mitzuteilen. Manchmal passiert es auch, das uns plötzlich Gedankenblitze kommen, die aber nichts mit der Tätigkeit zu tun haben, mit der wir gerade beschäftigt sind. Das Gehirn arbeitet normalerweise verzweigt. Das bedeutet, Sie denken in Engrammen, eine Erinnerung führt zur nächsten. Daher muss es eine unabhängige (autonome) geistige Größe geben.

Wenn im Bewusstsein eine Vorstellung auftaucht, die weder in einem nachweisbaren Zusammenhang mit dem augenblicklichen Bewusstseinsinhalt steht, noch auch direkt durch einen Sinnesreiz hervorgerufen ist, so muss sie das Resultat einer unbewussten Tätigkeit sein.

Alfred Lehmann

Ein weiteres Indiz für eine unbewusste Tätigkeit ist die automatische Handlung. Alles, was Sie schon mal öfter gemacht haben, geht in Fleisch und Blut über. Das beste Beispiel, das ich gerne dafür nehme, ist das Autofahren. Erst mussten Sie es üben und die nötigen Regeln dazu erlernen. Heute fahren Sie zum größten Teil automatisch. Sie schalten z.B. die Kupplung, ohne darüber nachzudenken und reagieren in bestimmten Situationen ebenfalls automatisch. Man kann also sagen, dass das Unterbewusstsein Ihren Wagen fährt. Deshalb geschieht es auch oft, dass man während einer Autofahrt in Trance gerät. Das bedeutet, dass Ihr

Unterbewusstsein die Kontrolle übernimmt und das Bewusstsein zurücktritt. Wenn das Bewusstsein zurückgetreten ist und das Unbewusste die Kontrolle übernommen hat, spricht man von Trance. Daher kommen solche Situationen, dass Sie sich plötzlich nicht mehr an die letzen 5 Minuten einer Autofahrt erinnern können. Vielleicht haben Sie sogar schon einmal so, eine Ausfahrt verpasst. Oft sagen wir dann, wir sind in Gedanken gewesen. In Wahrheit aber waren Sie in einer Trance. Sie haben ja nicht geschlafen, denn Sie sind ja weiter in Ihrem Wagen gefahren und hätten sogar in Notfällen reagieren können. Auch Tagträume sind Situationen, in denen das Unbewusste hervortritt und wir in eine Trance gleiten. Wir werden aber noch weitere Beispiele im Text für unbewusste Tätigkeiten nennen. Es sind, wie schon einmal erwähnt, keine esoterischen Beschwörungen oder Zaubertricks nötig, um mit geistigen Potenzialen zu arbeiten. Die Erfolgsstrategie in diesem Buch entspricht wissenschaftlich und geistig gesicherten Erkenntnissen, mit denen viele Menschen bereits erstaunliche Taten vollbringen konnten. Manche Weisheiten sind sogar tausende von Jahren alt, weil Sie ganz einfach der Wahrheit entsprechen. Gerade in der Bibel lassen sich viele Weisheiten entdecken, die erst kürzlich wieder durch die psychologische Wissenschaft und Neurologie aufgegriffen wurden. Mit Ihrem Unterbewusstsein besitzen Sie ein sehr mächtiges Werkzeug. Allerdings müssen Sie lernen, es zu benutzen.

Das Unterbewusstsein ist nicht nur vorhanden, sondern es steuert Ihre gesamten unbewussten Vorgänge. Darunter gehört die Atmung. Sie können zwar bewusst atmen, aber die meiste Zeit über geschieht das unbewusst. Sie brauchen sich nicht darauf konzentrieren. Es passiert einfach so. Auch auf den Augenschließreflex nehmen sie kaum bewusst Einfluss. Ihre

Haut erneuert sich und sondert in einem regelmäßigen Zyklus Hautschüppchen ab und bildet neue, ohne dass sie darauf Einfluss nehmen. Frauen bekommen zu einer bestimmten Zeit ihre Regel, ohne dass Sie auf einen Kalender schauen und das willentlich einleiten. Ihr Herz schlägt, Ihr Magen arbeitet, Ihr Darm nimmt sich wertvolle Nährstoffe aus Ihrer Nahrung und sortiert Sie von Unbrauchbarem, ohne dass Sie es ihm vorher gesagt haben. Wenn Sie sich verletzt haben oder einen Knochen brechen, wird Ihr Unterbewusstsein alle nötigen körperlichen Vorgänge einleiten, die für die Heilung wichtig sind. Sie brauchen es ihm nicht zu sagen. Es arbeitet also selbstständig und unabhängig von Ihrem Bewusstsein, wenn Sie es denn lassen. Diese Autonomie des Unbewussten ist auch sehr nützlich. Stellen Sie sich vor, wenn Sie alles bewusst steuern müssten. Entweder wären wir damit total überfordert oder wir würden es zu unseren Ungunsten einsetzen. Diesen gesamten Apparat steuert das Unterbewusstsein wiederum durch ein separates Nervensystem. Dieses Nervensystem heißt sympathetisches System. Während das Zentrum unseres zerebrospinalen Systems, also unserer bewussten Tätigkeiten, im Gehirn sitzt, ist das Zentrum des sympathetischen Unbewussten der Solarplexus (Sonnengeflecht). Man kann also sagen, dass der Solarplexus das Gehirn des Unbewussten ist. Es gibt aber trotzdem tomografische Beobachtungen, die zeigen, dass auch vom Gehirn unbewusste Vorgänge ausgehen. Der ganze Zusammenhang zwischen Bewusstem und Unbewusstem ist also bis heute neurologisch noch nicht vollständig geklärt. Auf jeden Fall kann man sagen, dass diese beiden Nervensysteme getrennt arbeiten, aber auch miteinander, ähnlich wie es auf mentaler und psychologischer Ebene entspricht. Der Vagus (Hauptnerv des parasympathischen Systems) verlässt das Gehirn als Teil des bewussten Nervensystems. In seinem weiteren Verlauf durch die Brust verzweigt dieser Nerv Seitenstränge zum Herz und zur Lunge. Er bildet also ein Bindeglied, und somit sind medizinisch betrachtet die beiden Nervensysteme miteinander verbunden. Vereinfacht gesagt arbeitet das Unterbewusstsein lieber alleine, und das ist auch gut so. Trotzdem können wir aber sowohl auf körperlicher als auch auf mentaler Ebene Einfluss auf die unbewussten Vorgänge nehmen. Ein negatives Beispiel dafür ist Stress.

Wenn Sie über einen längeren Zeitraum Stress ausgesetzt werden, kann das gefährliche Folgen haben. Wenn Sie unter Druck stehen, beginnt Ihr Körper (Stop! Achten Sie einmal auf die Redewendung: „…beginnt Ihr Körper…“. Beginnt tatsächlich der Körper etwas? Nein, man kann dieses Wort Körper in dem Zusammenhang auch mit Unterbewusstsein austauschen.) Stresshormone wie Adrenalin und Normadrenalin auszuschütten. Diese Hormone bewirken im Körper bestimmte Reaktionen, wie beschleunigter Puls, Erweiterung der muskelversorgenden Gefäße und anderer körperlicher Reaktionen, die die Leistung des Organismus erhöhen sollen. Außerdem werden Proteine in den Zellen freigesetzt, die Abbauvorgänge und Entzündungen auslösen. Diese Reaktionen sind also nicht gerade gesund für den menschlichen Körper, wenn Sie über längere Zeit andauern. Da ein Stressfaktor oft Angst und Sorge sein kann, sind unsere Gedanken in Wirklichkeit der Auslöser von Stress. Die Folge davon ist, dass wir unser Unterbewusstsein bei seiner eigentlichen Arbeit empfindlich stören, indem wir von ihm verlangen, unseren Körper ständig wegen irgendwelcher Kleinigkeiten in Alarmbereitschaft zu versetzen. Der Zustand von Angst und Stress schädigt somit unseren gesamten Organismus. Psychosomatische Krankheiten, Depressionen, Panikattacken und Burnout-Syndrom sind die Preise, die wir dafür bezahlen müssen. Wenn wir aber jetzt diese Situation unter dem Gesichtspunkt der beiden getrennten Nervensysteme und Bewusstseinsebenen betrachten, können wir daraus schließen, dass wir unser Unterbewusstsein mit unserem bewussten Denken beeinflussen können. Wir haben durch Angst und Sorge unbewusst unserem Unterbewusstsein den Befehl gegeben, unseren Organismus in erhöhte Wachsamkeit und Leistungsbereitschaft zu versetzen. Wir haben also durch die Sicht der Dinge, durch unser bewusstes Denken, körperliche Vorgänge, wie das Ausschütten von Hormonen bewirkt. Sie sehen also, dass unser Unterbewusstsein auf unsere Gedanken und Emotionen anspricht und entsprechende Reaktionen auslöst. Das Beispiel von gefährlichem Stress sollte Ihnen zeigen, wie Ihre beiden Systeme zusammen arbeiten. Dieses Beispiel zeigt auch, dass sehr viele Menschen unbewusst negativ auf sich selbst einwirken. Es gibt noch viele andere Beispiele dafür, wie Menschen unbewusst ihr Unterbewusstsein dazu benutzen, um sich zu schädigen. Aber es gibt auch positive Beispiele, zu denen wir ebenfalls bald kommen werden. Lassen Sie uns noch einen Augenblick bei dem Thema der Zusammenarbeit unserer beiden Bewusstseinsebenen bleiben. Wir können Folgendes festhalten: Der menschliche Geist besteht aus einem bewussten und unbewussten Teil. Diese geistige Ebene spiegelt sich nach unserem Prinzip, wie innen – so außen, auch auf körperlicher Ebene wider. Denn in unserem Körper gibt es in sichtbarer Form zwei Nervensysteme, nämlich das vegetative und das somatische. Geläufig sind auch die beiden Unterscheidungen zwischen willkürlichem und unwillkürlichem Nevensystem. Das unwillkürliche vegetative System ist das autonome, vom Unterbewusstsein gesteuerte. Dieses System entzieht sich unserem Bewusstsein. Wir können es aber unbewusst und bewusst beeinflussen, wie wir bis jetzt festgestellt haben.

Jetzt dürfen Sie erst einmal aufatmen, denn Sie haben bis hierhin das Schwierigste an grauer Theorie geschafft. Im weiteren Verlauf wollen wir uns mit praktischen Dingen beschäftigen. Es ist nur sehr wichtig, dass Sie ein wenig Verständnis für das Funktionieren der menschlichen geistigen Ebene bekommen. Und wie gesagt, wir haben bis zu diesem Punkt das Schwierigste geschafft. Ich halte nach wie vor mein Versprechen, Ihnen eine Erfolgsmethode zu zeigen, mit der Sie es schaffen werden, mindestens einen neuen Job zu bekommen. Der Schlüssel jedoch dazu ist dieses Wissen. Wir sind also keineswegs von unserem Weg abgekommen, sondern befinden uns auf geradem Weg. Vertrauen Sie mir, auch wenn das alles für Sie fremd erscheinen mag. Sie werden bald entdecken, was für Möglichkeiten sich Ihnen bieten werden, wenn Sie dieses Buch bis zum Schluss gelesen haben und sich alles verinnerlichen. Sie werden sehen, Ihr Ziel wird mit gewaltigen Schritten näher kommen. Es spielt auch keine Rolle, wie alt oder jung Sie sind, oder aus welcher Branche Sie kommen. Warum? Weil Sie lernen werden, die wirklich fast unerschöpflichen Ressourcen Ihres Unterbewusstseins zu nutzen. Unser Ziel wird es sein, zu lernen, wie wir das Unbewusste anzapfen und für uns arbeiten lassen. Es schlummert mehr Potenzial in Ihnen, als Sie vielleicht glauben können. Wenn Sie das ganze Prinzip erst vollständig verstanden haben, ist das Mindeste, was Sie erreichen werden, einen neuen Job zu finden. Ich wage sogar zu behaupten, dass eine neue Arbeitsstelle nur der Trostpreis sein wird von dem, was Sie alles dadurch gewinnen können.

Das Experiment

Wie versprochen, lassen wir jetzt den schwierigsten Teil hinter uns und kommen nun zu etwas Praktischem. Wir wollen nun durch ein Experiment sichtbar machen, wie wir bewusst unser Unterbewusstsein beeinflussen. Außerdem ermöglicht uns dieses Experiment weitere geistige Gesetze zu extrahieren. Dieses Experiment und das damit gewonnene Wissen über die

Gesetzmäßigkeiten, wurden von dem englischen Arzt William Benjamin Carpenter entwickelt und wird als Carpenter-Effekt bezeichnet. Alles was wir dazu benötigen, ist ein Blatt Papier und ein Pendel. Da ich davon ausgehe, dass Sie bestimmt keinen Pendel zuhause in der Schublade haben, reicht es, wenn Sie mit einem ca. 50 cm langen Faden und einem Ring sich eines machen. Ziehen Sie dazu einfach den Faden durch den Ring, und knoten Sie den Faden oben zusammen. Als nächstes nehmen Sie sich ein Blatt Papier und zeichnen ein Kreuz darauf. Wenn Sie soweit sind, haben Sie alles, was Sie jetzt für dieses Experiment benötigen.

Setzen Sie sich jetzt am besten auf einen Stuhl am Küchentisch und legen das weiße Papier direkt vor sich. Und nehmen Sie das Pendel und halten es genau auf die Mitte des Kreuzes, das Sie auf das Papier gezeichnet haben. Jetzt achten Sie bitte darauf, dass der Ellbogen aufliegt und die Hand ganz ruhig ist. Das Pendel muss gerade runter zur Mitte des Kreuzes auf dem Papier zeigen.

Nun kann das Experiment beginnen. Stellen Sie sich jetzt bildhaft vor, wie das Pendel nun im Uhrzeigersinn um das Kreuz schwingt. Stellen Sie sich es ganz lebhaft vor. Und versuchen Sie jede Handbewegung zu vermeiden.

Nach einiger Zeit müsste das Pendel beginnen, tatsächlich zu schwingen. Sobald es schöne Kreise schwingt, stellen Sie sich einfach lebhaft und bildlich vor, wie das Pendel gegen den Uhrzeigersinn schwingt. Das Pendel wird nach einigen Augenblicken seine Richtung ändern.

Wenn nun alles so passiert ist, wie ich es Ihnen vorhergesagt habe, können wir daraus ein geistiges Gesetz ableiten. Und zwar:

„Jede bildhafte Vorstellung, die uns erfüllt, hat das Bestreben, sich zu verwirklichen."

Jeder lebhafte Gedanke möchte sich verwirklichen. Warum hat sich das Pendel bewegt, obwohl Sie Ihre Hand ruhig hatten? Ihr Unterbewusstsein hat versucht, Ihre Vorstellung in die Realität umzusetzen. Dabei löste Ihr Unterbewusstsein durch das autonome Nervensystem minimale unbewusste Muskelbewegungen aus. Diese kleinen Bewegungen nennt man ideomotorische Bewegungen. Jetzt haben wir zum ersten Mal bewusst unser Unterbewusstsein beeinflusst. Dabei wurden Reaktionen in den entsprechenden Muskelgruppen über das parasympathische Nervensystem ausgelöst. Normalerweise haben wir willentlich darauf keinen Einfluss, und doch haben wir es durch unsere Vorstellung zu unseren Gunsten aktivieren können.

Dieses Experiment hat uns aber noch viel mehr gezeigt. Halten Sie sich bitte Folgendes vor Augen. Sie wollten Ihre Hand nicht bewegen. Sie taten es aber trotzdem unbewusst. Damit will ich Ihnen sagen, dass die Vorstellung den Willen besiegt hat, und das führt uns nun zu der nächsten wichtigen Gesetzmäßigkeit.

„Wenn der Wille und der Glaube (Vorstellung) einander feindlich gegenüberstehen, unterliegt immer ausnahmslos der Wille"

Wir werden jetzt unser kleines Experiment etwas erweitern und arbeiten zum ersten Mal mit einer Versuchsperson. Für das folgende Experiment brauchen Sie eine offene und interessierte Versuchsperson.

Die Versuchsperson soll nun das Pendel in ihre Hand nehmen, genau so wie Sie es vorhin getan haben. Sagen Sie Ihrer Versuchsperson, dass Sie das Pendel nun ganz ruhig halten soll. Erzeugen Sie nun eine Vorstellung bei der Versuchsperson und sagen Sie Ihr, dass das Pendel gleich im Kreis schwingen wird. Machen Sie zur Unterstützung mit Ihrem Finger kreisende Bewegungen um die Vorstellung lebhafter zu gestalten. Nach einiger Zeit müsste Ihre Suggestion die Versuchsperson erreicht haben. Wenn das Pendel schön schwingt, sagen Sie ihr, dass sich das Schwingen jetzt verstärken wird. Wenn sich die Schwingungen verstärkt haben, sagen Sie „und jetzt beginnt das Pendel immer stärker und stärker zu schwingen." Und je mehr Du nun versuchst, das Pendel still zu halten, desto stärker wird es schwingen. Du kannst nicht mehr damit aufhören, versuche es, es geht nicht, Du kannst es nicht.

Ihre Versuchsperson sollte nun bemerken, dass sie tatsächlich das Schwingen nicht mehr unterdrücken kann. Sie will aufhören, hat aber weiterhin die Vorstellung, dass das Pendel schwingt. Das zeigt uns, dass Glaube und die Vorstellung stärker als der Wille sind. Beenden Sie das Experiment, indem Sie der Versuchsperson sagen, dass das Pendel aufhört zu schwingen.

Diese Beobachtung führt uns nun zur nächsten wichtigen Gesetzmäßigkeit.

„Das Gesetz von der das Gegenteil bewirkenden Anstrengung.“

Jede Willensanstrengung ohne Vorstellung verläuft sich ins Gegenteil. Wir konnten also durch unser kleines Experiment drei Gesetze ableiten, mit denen wir erkennen können, wie wir unser Unterbewusstsein beeinflussen können und welche Regeln dabei gelten sollen.

Lassen Sie uns die gewonnenen Erkenntnisse analysieren und überlegen, was diese für uns bedeuten können.

„Jede bildhafte Vorstellung, die uns erfüllt, hat das Bestreben, sich zu verwirklichen."

Das bedeutet ganz einfach, dass Sie **alles,** was Sie sich in Ihrem Geiste vorstellen, verwirklichen möchten. Wenn Sie sich entspannen würden und sich intensiv vorstellen, dass Ihr rechter Arm immer leichter und leichter wird und sich ganz von alleine hebt, würde sich Ihr Arm ohne willentliche Anstrengung tatsächlich emporheben. Diesen Effekt nennt man eine Arm **Levitation.** Ihr Unterbewusstsein wird also **alles** ihm Mögliche tun, um Ihre Vorstellung zu verwirklichen, wie in kleinen so auch in großen Dingen. Sie müssen dabei folgendes Gesetz beachten:

„Wenn der Wille und der Glaube (Vorstellung) einander feindlich gegenüberstehen, unterliegt immer ausnahmslos der Wille"

Das beste Beispiel, um die Wirkungsweise dieses Gesetzes zu beschreiben, ist ein Hypochonder (eingebildeter Kranker). Ein Hypochonder hat in der Regel Angst vor bestimmten Krankheiten. Er will ja gesund sein, aber er sieht in seiner Vorstellung alle möglichen Krankheiten. Laut diesem Gesetz ist nicht der Wille ausschlaggebend, sondern die Vorstellung. Das Unterbewusstsein reagiert auf diese Vorstellung und verwirklicht die Ängste des Patienten. Das Unterbewusstsein wird jede bildhafte Vorstellung verwirklichen wollen. Es ist ihm vollkommen gleichgültig, ob man sich Gesundheit oder Krankheit vorstellt. Eingebildete Krankheiten sind für die betreffende Person so real, als seien sie Wirklichkeit. Das Schlimme aber ist, dass gerade eingebildete Krankheiten sich sehr oft tatsächlich verwirklichen und die betroffene Person dann tatsächlich daran erkrankt. Es gibt sogar Psychologen, die behaupten, dass 90 Prozent aller auftretenden Krankheiten eine psychologische Ursache haben. Verstehen Sie jetzt, wie wichtig es ist, positiv zu denken und warum Ängste so gefährlich sind? Nehmen Sie auch folgendes Bibelwort ernst:

Denn was ich gefürchtet habe, ist über mich gekommen, und wovor mir graute, hat mich getroffen.
Hiob 3,25

Ein gutes Beispiel ist auch jemand , der erfolglos abnehmen will. Er **will** weniger essen, **denkt** aber ständig ans Essen. Das Unterbewusstsein nimmt diesen Gedanken dann gerne auf, und der Betreffende wird nur noch mehr Hunger haben als sonst und muss ständig ans Essen denken. Ein Teufelskreis, nicht wahr? Es gibt auch Menschen, die arbeiten und schuften wie verrückt, aber sie denken in Ihrem Innersten oft an Armut und Mangel. Tatsächlich werden diese Menschen immer ärmer und ärmer. Das Unterbewusstsein wird diesen Gedanken an Armut verwirklichen wollen. Manch einer bekommt einen Nervenzusammenbruch oder wird von seinem Arbeitgeber gekündigt. Ihr Unterbewusstsein wird immer dafür sorgen, dass Sie den Weg gehen, den Sie sich in Ihrer Vorstellung ausmalen. Wie es das macht und warum? Dazu kommen wir noch. Es ist jetzt nur sehr wichtig, dass Sie sich dieses Prinzip verinnerlichen. Denn auf diesen drei Gesetzen bauen alle anderen auf. Kommen wir nun noch einmal zu dem dritten Gesetz:

„Das Gesetz von der das Gegenteil bewirkenden Anstrengung."

Will sagen, dass sich jede Anstrengung von ihrem Ziel wegbewegt, wenn Sie ein anderes Bild in Ihrem Geist tragen oder keines, wie zum Beispiel bei Ängsten. Nehmen wir noch einmal unser Beispiel Diät. Die arme Person bekommt langsam Angst und denkt, dass Sie nicht in der Lage ist abzunehmen. Trotzdem versucht Sie es immer stärker und stärker. Das Ergebnis im Endeffekt wird sein, das diese Person in Zukunft sogar noch an Gewicht zunehmen wird. Das bedeutet, je mehr Sie vor etwas weglaufen wollen, vor dem Sie Angst haben, desto näher kommen Sie dem befürchteten Ereignis. Es reicht sogar schon, wenn Sie für Ihr Ziel keine bildhafte Vorstellung haben. Ein Raucher, der mit den Zigaretten Schluss machen will und immer an Zigaretten denkt, kann sich noch so anstrengen. Er wird es nur noch schlimmer machen. Also, entspannen Sie sich. Gehen Sie die Sache ruhig an! Das trifft auf Sie zu, setzen Sie sich ab jetzt nicht mehr unter unnötigen Druck. Wenn ein Arbeitsloser mit aller Kraft einen Job sucht und sich dabei denkt, dass er ein Arbeitloser ist oder den Job sowieso nicht bekommt, wird er arbeitslos bleiben. Vielleicht kann es sogar jetzt sein, dass Sie erkennen, dass eines von diesen Gesetzen an Ihrer Misere schuld ist. Vielleicht haben Sie auch Gedanken von Mangel und Armut in sich gehabt? Vielleicht hatten Sie ja auch vor irgendetwas Angst gehabt? Vielleicht war es die Angst vor dem Versagen, die dazu geführt hat, dass Sie versagt haben. Nehmen Sie doch einen Menschen, der Angst hat, vor anderen Menschen zu sprechen. Er wird es unbedingt wollen, sieht aber in seiner Angst, dass andere über ihn lachen werden oder, dass er kein Wort aus seinem Mund bekommen wird. Je mehr er sich dann zusammenreißen will, desto schlimmer wird der ganz Zustand. Deshalb sind manche

Menschen nicht in der Lage, vor anderen zu sprechen, sie haben sogar größte Angst davor. Nun, ich denke, dass Sie diese äußerst wichtigen Gesetzmäßigkeiten verstanden haben und dass Sie wissen, dass viele Probleme mancher Leute erst aus der Unkenntnis dieser Gesetze entstehen.

Wollen habe ich wohl, aber das Gute vollbringen kann ich nicht.
Römer 8,18

Erinnern Sie sich noch an diesen Bibelspruch ganz zu Anfang? Von den beiden sich streitenden Naturen? Dort haben wir gelernt, dass Glaube nötig ist. Aus dem Glauben wächst Hoffnung (Vorstellung). Und Hoffnung bedeutet auch Erwartung von Dingen, die wir nicht sehen.

Denn wer pflügt und das Getreide drischt, darf seinen Anteil an der Ernte erwarten.
1. Korinther 9,10

Deshalb fangen Sie an zu säen, zu pflügen und zu dreschen. Dann dürfen Sie eine Ernte erwarten. Ihr Unterbewusstsein ist nämlich mit einer fruchtbaren Erde zu vergleichen, und jeder Gedanke und jede Vorstellung die Sie haben ist ein Same, der wachsen möchte. Und wenn Sie diesen Samen pflegen, wird er bald Frucht bringen. Jetzt wissen Sie, wie Sie die zweite Kraft zu Ihren Gunsten einsetzen können und was Sie dabei beachten müssen. Verbannen Sie Angst und Zweifel aus Ihrem Geist.

Nun haben wir anfangs gesagt, dass wir Ihre 2.Kraft (Unterbewusstsein) mit Ihrer 1.Kraft (Bewusstsein) in Harmonie bringen wollen. Um eine volle Wirkung zu erzielen, müssen wir beide Kräfte synchronisieren. Wie das funktioniert, werde ich Ihnen jetzt zeigen. Als erstes analysieren Sie mit

Ihrem Bewusstsein die Lage oder das Problem. Anschließend fassen Sie einen Entschluss, die Situation zu ändern. Dabei sollten Sie sich ein klar formuliertes Ziel setzen. Wie zum Beispiel: „Ich bin ein wunderbarer einzigartiger Mensch mit tollen Fähigkeiten, bis Ende des Jahres bin ich ein leitender Angestellter mit hohem Einkommen." Glauben Sie, dass es Ihnen möglich sein wird und dass Sie ein Recht auf Ihr Anliegen haben. Denn Sie wissen ja jetzt, dass Sie alles schaffen können, was Sie sich auch vorstellen und glauben können, stimmt´s? Deshalb heißt es ja auch, es geschehe nach Eurem Glauben. Bis hierher sind schon viele Menschen gekommen, nur die meisten machen jetzt den Fehler und setzen nun ihre Willenskraft ein, um Ihr Ziel zu erreichen. Sie haben allerdings jetzt bestimmt eine Ahnung, wie es weitergeht, oder? Sie malen sich nun ganz in aller Ruhe und Entspannung ein mentales Bild in Ihrem Geist von Ihrem Ziel. Stellen Sie sich vor, wie Sie in das neue Büro gehen und telefonieren. Wie Ihnen Gehalt auf Ihr Konto überwiesen wird und Sie sich darüber freuen. Denken Sie daran, wie Sie morgens zur Arbeit fahren und neue Kollegen kennen lernen. Stellen Sie sich diese Szenen so realistisch wie möglich vor und glauben Sie, dass diese Szenen Wirklichkeit sind. Dann sind Sie bereits auf dem richtigen Weg. Denn Ihr Wille soll nur der Zündfunke sein, der Ihr Unterbewusstsein ans Laufen bringen soll. Stellen Sie sich vor, Ihr Wille ist der Kapitän auf einem Schiff und Ihr Unterbewusstsein die Brücke. Rufen Sie dem Unterbewusstsein nur zu, wohin es schwimmen soll, es wird gehorchen. Ihr Wille bringt den großen Motor ans Laufen wie ein kleiner Funken den großen Dieselmotor. Der Brückenoffizier ist allerdings blind und hört nur auf die Anweisungen, die Sie ihm geben. Dabei schätzt er es, wenn Sie es in Form von Bildern machen. Wenn Sie Ihrem Unterbewusstsein ein Bild vom gewünschten Ziel einreichen, wird es alles tun, um dieses Bild zu verwirklichen.

Sicherlich denken Sie sich jetzt, wie funktioniert das eigentlich genau, nicht wahr? Nun, dazu müssen wir gedanklich zu unserem Pendelexperiment zurückkehren. Als Sie die Vorstellung von einem schwingenden Pendel in Ihrem Geist hatten, suchte das Unterbewusstsein einen Weg, diese Situation zu verwirklichen. Da Sie aber Ihre Hand nicht bewusst bewegen wollten, mussten Sie eine andere Möglichkeit in Anspruch nehmen. Wie Sie ja wissen, ist die Vorstellung stärker als der Wille, und deshalb wird das Unterbewusstsein auch einen Weg finden, diese Vorstellung vom kreisenden Pendel zu verwirklichen. Dabei nutzt es Möglichkeiten, die Sie mit Ihrem bewussten Willen nicht haben, nämlich es nutzt den Zugriff auf das sympathetische Nervensystem, um minimale Muskelbewegungen auszulösen, die so präzise sind, damit sie kreisende Bewegungen etablieren. Gut, aber ich sagte ja, das alles sich verwirklicht, was man sich vorstellt. Dabei sind innere körperliche Vorgänge und äußerliche Tatsachen zwei verschiedene Welten. Es stimmt, aber Sie vergessen dass das Unterbewusstsein sich ganz von allein verborgene Wege sucht, um Ihre Vorstellung zu verwirklichen. Es hat dabei aber unendlich viele Möglichkeiten und ist zudem noch unendlich weise. In Ihrem Unterbewusstsein ist Ihre gesamte Erinnerung seit Ihrer Geburt bis in kleinste Detail gespeichert. Diese Tatsache lässt sich ganz einfach mit Hypnose beweisen. Man kann mit einem Klienten, der sich in Hypnose befindet, eine so genannte Regression durchführen. In der Hypnose wird dem Klienten Erinnerung an vergangene Ereignisse suggeriert. Dabei zeigte sich, dass sich Menschen an kleinste Details erinnern können. Nicht nur das, Sie konnten alles genau so riechen, hören, fühlen, tasten und sehen, als ob Sie die Situation nochmals durchleben würden. Tatsächlich ist es auch möglich, den Hypnotisierten geistig in jedes beliebige Alter zu versetzen. Das nennt man eine totale Alterregression.

Interessant für ist es, dass sich die in Hypnose Befindlichen an alle Details erinnern können, die erfragt wurden. Fragt man einen Hypnotisierten, was er an seinem zweiten Geburtstag alles gesehen hat, wird er Erstaunliches berichten. Er kann sich genau daran erinnern, welche Kleider er trug, oder seine Mutter. Er kann sagen, welche Personen sich auf dieser Feier befanden und was es zu essen gab. Es war sogar möglich, zu fragen, was in der Tageszeitung stand, die auf dem Tisch lag, obwohl die Person zu dem Zeitpunkt nicht mal lesen konnte. Die Überprüfungen stimmten präzise mit den Aussagen überein. Dieses Phänomen wurde auch schon oft von Kriminalisten zur Aufdeckung von Verbrechen genutzt. Opfer wurden hypnotisiert und konnten sich dann an Kennzeichen erinnern, die sie nie bewusst wahrgenommen hatten. Es gab auch einen Fall, als ein Gast eines Restaurants hypnotisiert wurde, weil man herausbekommen wollte, was ein bekannter Mafiosi am Nebentisch alles besprochen hatte. Obwohl die Person nicht bewusst die Gespräche verfolgt hatte, konnte sie dennoch erstaunliche Fakten nennen, die der Hypnotisierte niemals anders erfahren haben konnte, als durch das Gespräch am Nebentisch. Das Unterbewusstsein hält jede noch so kleine Erinnerung fest, vom ersten Tag Ihres Lebens bis zum heutigen Tag. Nicht nur bewusste Erinnerungen, sondern wie wir gehört haben, auch die unbewussten. Also alles, was Sie jemals irgendwo kurz im Vorbeigehen gesehen oder gehört haben. Ist das nicht erstaunlich? Genau deshalb können Sie auch beruhigt glauben, dass Ihr Unterbewusstsein über unendliches Wissen und Weisheit verfügt. Es gibt Menschen, die das starke Verlangen nach Reichtum hatten und sich das auch bildlich vorstellten. Was tat das Unterbewusstsein? Es nutzte diese ungeheure Weisheit und ließ eine Idee in diesen Menschen hochkommen, einen Gedankenblitz. Dieses kurze Aufleuchten eines genialen Einfalls machte diese Menschen reich. Das Unterbewusstsein suchte einen Weg, um die Vorstellung dieser

Menschen zu verwirklichen. Es kombiniert manchmal über Jahre das gesamte Wissen und alle Erfahrungen eines Menschen, um in einem Augenblick einen sagenhaften Einfall aufblitzen zu lassen, der umgesetzt viel Reichtum hervorgebracht hat. Außerdem kann man sich richtig trainiert auf die Intuitionen des Unterbewusstseins leiten lassen. Eine weitere erstaunliche Tatsache an diesen Geschichten ist, dass das Unterbewusstsein tief im Verborgenen arbeitet und Ideen ausbrütet. Es gibt Autoren, die ihrem Unterbewusstsein befehlen, Romane zu schreiben. Die Autoren stehen dann plötzlich mitten in der Nacht auf und setzen sich an die Schreibmaschine und schreiben die besten Romane. Da wir ja wissen, dass es eine unbewusste Tätigkeit gibt, geht man davon aus, dass das Unterbewusstsein den Menschen dazu bringt, bestimmte Informationen zu sammeln, die er erst später benötigt und verwerten wird. Das Unterbewusstsein arbeitet oft verborgen mit diesem Wissen, um es dann später kombiniert mit anderem Wissen als Gedankenblitz oder Vision ins Bewusstsein steigen zu lassen. Auch ich hatte oft in meinem Berufsleben Eingebungen, die mich dazu gebracht haben, Konzepte zu entwickeln, die mich in einer besseren Position gebracht haben. Als ich diese Konzepte schrieb, sprudelten die Ideen nur so aus mir heraus und ich konnte ebenso flüssig schreiben wie lesen. Bei einem so enormen kreativen Ausfluss kann man davon ausgehen, dass die nötigen Informationen bereits von meinem Unterbewusstsein so bereitgestellt und vorbereitet wurden, dass ich es einfach nur aus mir heraus lassen musste. Viele Menschen verspüren in solchen Situationen oft einen unwiderstehlichen Drang, eine ins Bewusstsein gekommene Idee auf der Stelle zu Papier zu bringen oder in die Tat umzusetzen. Man gerät dann in eine Art Trance. Es ist das gleiche Prinzip, mit dem manche Menschen in einen Putzrausch verfallen. Sicherlich kennen Sie das. Sie liegen auf der Couch und denken daran, dass Ihre Wohnung mal wieder aufgeräumt werden muss. Irgendwann, wenn Sie genug darüber nachgedacht haben, spüren Sie den Impuls, jetzt aufzuräumen. Wenn Sie dann anfangen, vergessen Sie die Zeit und räumen in einem Mal die ganze Wohnung auf. Und genauso arbeitet Ihr Geist. Wenn Sie sich ein klares Bild von Ihrer Zukunft machen und daran glauben, dass Ihr Unterbewusstsein dieses Bild verwirklichen möchte, wird es Sie mit einer buchstäblichen Präzision an Ihr Ziel bringen. Es könnte dann sein, dass Sie sich plötzlich für eine bestimmte Art Literatur interessieren und lesen. Das bedeutet dann, dass Ihr Unbewusstes Sie dazu bringt, Wissen zu sammeln. Des öfteren hatte ich z.B. den Fall, dass ich tatsächlich vor Jahren Gelesenes plötzlich verwenden konnte. Auch, wenn ich das bestimmte Thema noch mal nachlesen musste, wusste ich doch, wo ich dieses Wissen sofort herbekommen kann. Wenn Sie also anfangen, sich für Aktien zu Interessieren, sollten Sie dieser Eingebung folgen, auch wenn Sie im Moment nicht daran denken können, mit Aktien zu handeln oder zu spekulieren. Sie können nie wissen, ob und wann Sie dieses Wissen einmal gebrauchen werden. Es ist eine Art, wie Ihr Unterbewusstsein arbeitet, nämlich Wissen zu speichern. Dieses Wissen kann später in Ihr Bewusstsein treten und Ihnen bei einer wichtigen Entscheidung helfen. Oder Ihnen kommt ein genialer Einfall, der in der Tat umgesetzt großen Erfolg nach sich ziehen wird. Ich verweise dabei gerne auf die Gründer von ALDI oder Ebay, die aufgrund eines Konzeptes unsagbar reich geworden sind. Die Albrecht-Brüder hatten die Vision, beste Lebensmittel für alle anzubieten. Ihr Wunsch, der Menschheit zu dienen, machte die beiden Brüder zu Multimilliardären, und Sie gehören heute zu den zehn reichsten Menschen der Welt. Das alles entsprang aus einem Lebensmittelladen, einer Idee und dem Glauben, alle Ziele erreichen zu können. Sie sehen also, dass Ihr Geist Sie automatisch auf den richtigen Weg bringen wird. Sie müssen ihm nur folgen und seinen Impulsen gehorchen. Steuern können Sie Ihr Unbewusstes mit Ihrer bildlichen Vorstellungskraft. Haben Sie erstmal einen klaren Kursbefehl gesetzt, müssen Sie beharrlich am Ziel festhalten. Manche Ziele brauchen nämlich bis zu Ihrer Verwirklichung an die sieben Jahre. Aber wenn Sie es schaffen, Wunsch und Vorstellung aufrecht zu erhalten, werden Sie sicher zu Ihrem Ziel geführt. Wundern Sie sich nicht, wenn Sie sich plötzlich für alle möglichen Dinge interessieren. Es ist Ihr Unterbewusstsein, das in Ihnen einen Wissensdurst auslöst. Es besorgt sich auf diese Weise die Werkzeuge, um Ihnen ihren Wunsch zu erfüllen. Deshalb ist es auch so, dass alle erfolgreichen Menschen viel lesen. Achten Sie mal darauf, Menschen die es geschafft haben, reich zu werden, lesen alle. Durch das Lesen haben Sie die Möglichkeit, von anderen gespeichertes Wissen für sich abzurufen. Und alles, was Sie lesen, wird in Ihrem Unterbewusstsein bis in Detail gespeichert, auch wenn Sie sich vielleicht nicht bewusst an diesen Inhalt erinnern können.

Technik zum Speichern und Abrufen von Wissen.

Gerne zeige ich Ihnen noch einen Weg, wie Sie bewusst auf im Unterbewusstsein verborgenes Wissen zugreifen können Eigentlich gehört diese Technik nicht so ganz zu unserem Thema. Ich bin mir aber sicher, dass diese Technik Ihnen auf Ihrem weiteren Weg von großem Nutzen sein kann. Deshalb habe ich mich entschieden, diese Technik mit zu unserem Thema Unterbewusstsein zu nehmen. Betrachten Sie es einfach als Bonus. Mit diesen beiden Techniken, die ich Ihnen nun zeige, werden Sie in der Lage sein, leichter Wissen in Ihr Unterbewusstsein fließen zu lassen, also zu lernen, und mit der anderen, unbewusstes Wissen in jeder Situation abzurufen.

Der hypnoide Lernzustand

Die erste Technik, die ich Ihnen zeigen möchte, nenne ich den hypnoiden Lernzustand. Diese Technik eignet sich dazu, wenn Sie in einem Seminar oder Vortrag sind, dessen Lernstoff-Umfang recht hoch ist, sich besser zu merken. Durch diese Technik sinken Sie in einen leichten hypnoiden Zustand, in dem Lerninhalte leichter im Unterbewusstsein verankert werden können. Ich kann mich an Seminare, in denen ich diese Technik angewandt habe, meistens sehr gut erinnern. Ich kann mich nicht nur bewusst an den Lernstoff erinnern, sondern auch an die visuellen und akustischen Begebenheiten. Sie erhalten einfach ein wesentlich klareres Bild, das Sie sich besser merken können. Diese Technik lässt sich auch vor dem Lesen einer Lektüre wunderbar anwenden.

Suchen Sie sich einen Punkt im Raum, den Sie anstarren können. Wenn Sie einen geeigneten Punkt gefunden haben, beginnen Sie ihn anzustarren. Vermeiden Sie dabei, mit den Augen zu zwinkern. Während Sie nun auf diesen Punkt starren, versuchen Sie, das periphere Sichtfeld wahrzunehmen. Das heißt, achten Sie, ohne Ihren Blick von dem Punkt zu nehmen, auf alles, was im Raum geschieht. Nehmen Sie alle Bewegungen wahr. Dadurch stimulieren Sie Ihr Gehirn auf eine besondere Weise. Wie sich gezeigt hat, werden dabei beide Gehirnhälften stark durchblutet, wie es normalerweise nur bei hoher Konzentration der Fall ist. Dazu sind beide Hirnhälften synchron beansprucht. Normalerweise arbeitet im Normalzustand die rechte Hälfte stärker als die linke. Nach ca. 2 bis 5 Minuten Starren stellt sich ein leichter Trancezustand ein. Im diesem tritt verstärkt das Unterbewusstsein hervor und nimmt Informationen wesentlich klarer auf, da Ihr Bewusstsein runter gefahren wird und keinen störenden Einfluss mehr ausübt. Den Trance-Zustand erkennen Sie daran, dass Sie vielleicht leicht müde, konzentriert und entspannter werden. Wenn sie also merken, dass Sie in diesem Zustand sind, richten Sie Ihren Blick auf den Dozenten und hören ihm zu. Achten Sie dabei weiter auf das periphere Sichtfeld. Durch die bessere Durchblutung der Gehirnhälften und dem Trance-Zustand werden Sie die Informationen wesentlich besser aufnehmen als im normalen Zustand. Sie werden nach dem Seminar außerdem erkennen, dass Sie sich sehr gut und klar an den Inhalt des Seminars erinnern können. Der Trancezustand ist der optimale Lernzustand, das ist auch der Grund, warum Kinder so außerordentlich gut lernen können. Menschen sind nämlich bis zu ihrem etwa 22. Lebensjahr in einem Trancezustand. Je jünger der Mensch ist, desto tiefer ist der schlafähnliche Zustand. In der Pubertät zwischen 13 und 16 Jahren ist diese Trance allerdings gestört und nicht mehr so intensiv. Dann steigt die Kurve wieder bis zum 21. Lebensjahr etwas an und endet dann abrubt. Deshalb lassen oft die schulischen Leistungen in diesen Phasen etwas nach und junge Erwachsene in diesem Alter geraten oft in Krisen und Depressionen, da sie langsam ihre geistige Reife erreichen und der tranceartige Schutzschild sich auflöst. Es ist also von der Natur so eingerichtet, dass wir als junge Menschen sehr viel lernen müssen und es auch deshalb besser können. Darum sind Kinder immer in einer Art Trance und behalten alles sehr gut im Gedächtnis. Das ist der Grund dafür, warum uns auch kindliche Situationen und Suggestionen von Eltern bis ins Erwachsenenalter in Erinnerung bleiben und manche wiederum wie bei einer Amnesie ausgelöscht worden zu sein scheinen. Mit dieser Technik können Sie solch einen Trancezustand künstlich herbeiführen, um Lerninhalte intensiver aufnehmen zu können. Wie erwähnt, funktioniert diese Methode auch gut, bevor Sie ein Buch zur Hand nehmen. Alles, was Sie in diesem Zustand lernen, werden Sie besser in Erinnerung behalten und auch leichter abrufen können.

Die ideomotorische Befragung.
Als nächstes würde ich Ihnen nun gerne zeigen, wie Sie auf einfache Weise an Informationen kommen, die in Ihrem Unterbewusstsein gespeichert sind. Diese Informationen sind normalerweise nicht ohne weiteres für das Bewusstsein zugänglich. Sehr gut lässt sich diese Technik bei Prüfungen verwenden. In Ihrem Unterbewusstsein ist alles gespeichert, was Sie bisher in Ihrem ganzen Leben aufgenommen haben. Dabei spielt es auch keine Rolle, ob Sie es mit Ihrem bewussten Verstand wahrgenommen haben oder nur im Vorbeigehen. So ist es auch häufig bei Prüfungen. Es taucht plötzlich eine Frage auf, die Sie eigentlich beantworten können müssen. Aber aus irgendeinem Grund, oft ist es die Drucksituation, lässt sich das gewünschte Wissen nicht abrufen, um die gestellte Frage zu beantworten, ist es nicht so? Nun wissen Sie ja jetzt, dass in Ihrem Unterbewusstsein irgendwo die Information abgespeichert sein muss. Wäre es in dieser Situation nicht ein Vorteil, wenn man sein Unterbewusstsein befragen könnte? Da es offensichtlich ein großer Vorteil für Sie sein kann, werde ich Ihnen zeigen, wie Sie Ihr Unterbewusstsein in jeder Situation befragen können. Setzen Sie diese Technik bei Einstellungstests, Prüfungen und Vorstellungsgesprächen ein und profitieren Sie von dem unerschöpflichen Datenspeicher Ihres Unterbewusstseins.

Diese Technik, die ich Ihnen zeigen möchte, macht sich zunutze, dass Ihr Unterbewusstsein auf die ideomotorische Muskelbewegungen zurückgreift, um sich bemerkbar zu machen. Sie erinnern sich an unser Pendelexperiment? Gut, dann können wir dieses Experiment nun weiterentwickeln, und zwar in der Hinsicht, dass wir unser Unterbewusstsein damit befragen können. Kehren Sie zu der gleichen Situation zurück, wie es bei unserem ersten Pendelexperiment der Fall war.

Setzen Sie sich an einen Tisch, an dem Sie Ihren Arm anwickeln können, um Ihr Pendel zu halten. Jetzt sprechen Sie zu sich selbst, etwa in dieser Weise. „Unterbewusstsein, bitte gib mir jetzt ein Zeichen, mit der Du meine Fragen mit ja beantworten willst.“ Achten Sie jetzt auf das Pendel und konzentrieren Sie sich. Warten Sie nun auf eine kreisende oder schwingende Bewegung. Bei der ersten Session kann es einige Minuten dauern, bis Sie ein klares ideomotorisches Signal bekommen. Sie können den Vorgang verstärken, indem Sie immer wieder das Wort „Ja“ wiederholen. Nach einiger Zeit wird das Pendel beginnen, sich zu bewegen. Wenn es so weit ist, sagen Sie: „So ist es gut!“ Ihr Unterbewusstsein hat nun ein Zeichen für „Ja“ gegeben. Bei manchen ist es wie gesagt entweder ein vertikales, diagonales oder kreisendes Schwingen. Achten Sie auch auf die Richtung des Kreisens, ob es im Uhrzeigersinn ist, oder andersherum. Um die Bewegung zu ankern, fragen Sie Ihr Unterbewusstsein Dinge, die es nur mit „Ja“ antworten kann. Sie können z.B. fragen: „Bin ich männlich?“ oder „Bin ich XX Jahre alt?“ usw. Wenn Sie der Meinung sind, dass Ihr Unterbewusstsein ein klares konstantes Zeichen für „Ja“ gibt, wiederholen Sie das gleiche Verfahren für die Antwort „Nein“. Verhalten Sie sich genauso wie am Anfang und stellen Sie sich auch hier die nötigen Fragen, um das Signal zu verankern. Sobald Sie ein klares und konstantes Zeichen für „Nein“ erhalten haben, stellen Sie sich einige Testfragen, die Ihr Unterbewusstsein mit „Ja“ oder „Nein“ beantworten kann. Testen Sie Ihr Unterbewusstsein ruhig. Vermeiden Sie aber in jedem Fall beim gesamten Experiment Anstrengung. Sie selbst müssen Ihre Hand absolut ruhig halten. Andernfalls verfälschen Sie die Ergebnisse. Jetzt haben Sie eine sichere Methode entdeckt, um Ihr Unterbewusstsein zu befragen. Die Antworten, die Sie bei manchen Fragen erhalten, können teilweise von Ihrer Erwartung abweichen. In den meisten Fällen wird aber die Antwort Ihres Unterbewusstseins eher der Wahrheit entsprechen. So können Sie in verzwickten Situationen einfach Ihr Unterbewusstsein befragen oder sich Hilfe bei schwierigen Entscheidungen holen. Allerdings ist diese Methode nicht immer zu 100 Prozent sicher. Es kann daran liegen, dass wir eine Frage falsch formuliert haben oder dass Ihr Unterbewusstsein die Frage nicht versteht, oder Ihr Glaube an eine bestimmte Sache entgegengesetzt ist. Das sage ich Ihnen nur, damit Sie sich bei gewichtigen Fragen oder Entscheidung, die Sie treffen müssen, zusätzlich an anderer Stelle Rat einholen sollten. Insbesondere dann, wenn es um finanzielle Spekulationen oder Glücksspiel geht. Setzen Sie also nicht Ihr ganzes Vermögen auf Lottozahlen, die Ihnen Ihr Unterbewusstsein vorhergesagt hat. Bei Prüfungen, wo Sie mehrere Auswahlmöglichkeiten haben, funktioniert dieses System mit einer hohen Präzison. Wenn Sie also eine Antwort nicht wissen, befragen Sie Ihr Unterbewusstsein. Jetzt werden Sie sicherlich denken, dass es seltsam aussehen würde, wenn Sie mit einem Pendel herumlaufen und mit sich selbst sprechen, nicht wahr? Da gebe ich Ihnen Recht. Der Vorteil bei dieser Technik ist die hohe Empfindlichkeit des Pendels auf minimale Bewegungen. Natürlich lassen sich die ideomotorischen Signale auch verlagern. Am besten eignen sich dazu Ihre Finger. Diese Methode ist außerdem die üblichste, und außerdem ziemlich unauffällig. Legen Sie dazu eine Ihre Hände ganz locker auf den Tisch und bitten Sie Ihr Unterbewusstsein darum, Ihnen ein Zeichen für die Antwort „Ja“ zu geben. Dieses Zeichen wird sich in ein leichtes Anheben eines Fingers oder des Daumens zeigen. Bei manchen ist es auch nur ein kurzes Zucken. Beobachten Sie also Ihre Hand und erwarten Sie eine unbewusste Bewegung. Sollte sich nun ein Finger bewegen, dann sagen Sie auch hier wieder: „So ist es gut!“ und forcieren die Bewegung wieder mit wiederholten „Ja, Ja, Ja, Ja…“. Und das, bis die Bewegung deutlich zu erkennen ist. Stellen Sie sich auch hier wieder einige Testfragen, die nur mit „Ja“ zu beantworten sind, um dieses Signal zu verankern. Das gleiche tun Sie mit der Antwort „Nein“. Sie können, um sicher zu sein, auch ein weiteres Signal etablieren wie z. B. „Vielleicht“ oder „Weiß nicht“, um falsche oder gar fehlende Signale zu vermeiden. Nun sind Sie in der Lage, immer und überall auf den massiven Wissensspeicher Ihres Unterbewusstseins zurückzugreifen. Auf diese Weise können Sie auch Ihr Unterbewusstsein über Ihren Gesundheitszustand befragen und ob Ihr Geist in der Lage ist, das Leiden zu beheben, mit dem Sie gerade vielleicht zu kämpfen haben. Mit dieser Technik haben Sie wieder ein machtvolles Werkzeug kennengelernt, mit dem Sie die unglaubliche Ressource Ihres Geistes zu Ihren Gunsten anzapfen können. Dieses Wissen macht Sie wiederum etwas stärker und gibt ihnen Sicherheit in schwierigen Fällen, wie es z.B. beim Einstellungstest kommen könnte. Lassen Sie dieses Wissen also nicht ungenutzt und nutzen Sie das enorme Wissen Ihres unbewussten Geistes, wenn Sie mal nicht weiter wissen.

Kommen wir aber jetzt wieder zurück zu dem Thema, wie Ihr Unterbewusstsein wirkt und was es bewirkt. Wir haben bis jetzt erfahren, dass Ihr Unterbewusstsein nicht nur innerliche Vorgänge steuert und dass Sie die Möglichkeit haben, diese zu beeinflussen. Sondern Sie konnten auch erkennen, dass Ihr Unterbewusstsein auch die Möglichkeit hat, äußere Wirkung zu erzielen. Ein positives Beispiel dafür wäre, dass Sie sich ein Ziel setzen und daran glauben, es in einer bestimmten Zeit zu erreichen. Am besten ist es sogar, daran zu glauben, dass Ihr Wunsch schon in Erfüllung gegangen ist.

„Darum sage ich Euch: Alles, um was ihr auch betet und bittet, glaubt, dass ihr es empfangen habt, und es wird euch werden.“
Markus 11,24

Auf diese Art aktivieren Sie Ihre erste Kraft, Ihr Bewusstsein, durch den Glauben. Als zweiten Schritt malen Sie sich Ihr Ziel mental in aller Deutlichkeit aus. Stellen Sie sich vor, wie Sie auf Ihrer neuen Arbeitsstelle arbeiten und Ihre neuen Kollegen über Ihre Fähigkeiten staunen werden. Wie Ihr neuer Chef begeistert über die positive Ausstrahlung ist, die Sie durch Ihre Einstellung auf andere Menschen durch Schwingungen übertragen. Malen Sie sich diese Bild aus, wie ein Maler, der ein Bild malt. Glauben Sie, dass die Szenen, die Sie vor Ihrem geistigen Auge sehen, bereits real sind, und vertrauen Sie Ihrem Unterbewusstsein, dass es das mentale Bild verwirklichen wird.

„Jede bildhafte Vorstellung möchte sich verwirklichen!"

Das ist das einzige, was Sie tun müssen. Halten Sie Ihre **Vorstellung** ganz intensiv fest und **glauben** Sie daran, dass Ihr Wunsch verwirklicht werden wird. **Vertrauen** Sie auf die Impulse und Eingebungen, die Ihnen aus der Tiefe Ihres unbewussten Geistes aufsteigen werden und **handeln** Sie danach. Wichtig, vermeiden Sie dabei jede Anstrengung. Im Gegenteil, entspannen Sie sich so oft es Ihnen möglich ist. Im entspannten Zustand ist Ihr Geist sehr aufnahmefähig. Ihr Unterbewusstsein ist, wie schon an anderer Stelle erwähnt, ein fruchtbarer Boden, und dieser Boden ist im entspannten Zustand äußerst weich und fruchtbar. In dieser Verfassung kann man ihn wunderbar bepflanzen und begießen. Sind wir aber verkrampft und stehen unter Zwang, ist dieser Boden hart und mit einer rauen trockenen Kruste abgedeckt. In diesem Zustand ist es sehr schwer, etwas einzupflanzen. Ein solcher Boden muss aufgelockert werden. Haben Sie erstmal Ihre geistigen Kräfte auf ein Ziel in der beschriebenen Art und Weise synchronisiert und ausgerichtet, können Sie sich darauf verlassen, dass es Sie auf den richtigen Weg bringen wird. Dabei machen Sie sich die unerschöpflichen Ressourcen Ihres unbewussten Geistes zu Nutze, der über alles Wissen verfügt, das Sie in Ihrem ganzen Leben bewusst oder unbewusst mitbekommen haben. In Ihrem Inneren spielen sich dann verborgene Vorgänge ab, die Ihnen später in Form von Eingebungen oder sogar Gedankenblitzen ins Bewusstsein kommen werden. Es wird bei Ihnen versuchen, Interessen zu wecken, die Sie sich vielleicht später noch als äußerst nützlich erweisen könnten. In Ihrem Inneren plant und schmiedet Ihr Unterbewusstsein Tag und Nacht an einer Möglichkeit, Ihr mentales Bild zu verwirklichen, Glauben Sie es!

Ein Mensch, der sich ernsthaft ein Ziel gesetzt hat, wird es auch erreichen.
Benjamin Disraeli

Wenn Sie so handeln, wie es in diesem Buch beschrieben ist, werden Sie nicht nur Zugriff auf Ihre unbewussten Datenbestände haben und den autonomen Geist dazu bringen, Aufträge für Sie auszuführen, sondern Ihre gesamte Ausstrahlung wird sich verändern. Durch einen unerschütterlichen Glauben und Selbstvertrauen senden Sie positive Schwingungen auf Ihre Mitmenschen aus. Diese Menschen nehmen das als Charisma oder positive Aura wahr. Wie an anderer Stelle schon erwählt, lassen sich Schwingungen von anderen Menschen sehr gut wahrnehmen. Im normalen gesellschaftlichen Alltag geschieht das unbewusst und entscheidet über Sympathie und Antipathie. Am feinsten können Tiere diese Schwingungen im Menschen wahrnehmen und reagieren darauf. Hunde zum Beispiel sind sehr feinfühlig für menschliche Gefühle, beobachten Sie es einmal. Hat jemand Angst vor Hunden, so wird dieser Mensch sehr wahrscheinlich sehr oft von diesen angebellt oder sogar angeknurrt. Hunde nehmen Angst sofort wahr und reagieren darauf mit Angriff. Natürlich fühlen sich diese Tiere dann auch zu positiven Menschen mit einer guten Ausstrahlung sofort angezogen. Mein Hund zum Beispiel, kommt sofort zu mir, wenn es mir mal nicht so gut geht oder ich Schmerzen habe. Er setzt sich dann zu mir und leistet mir damit Beistand. Aber auch Menschen nehmen diese Schwingungen zum Teil sehr deutlich wahr. Wenn Sie Ihren Geist auf die in diesem Buch beschriebene Weise anregen, ist es so, als ob Sie ein Magnetpol von minus auf plus stellen. Menschen, die Sie in der Vergangenheit abgestoßen haben, finden Sie auf einmal sehr sympathisch und anziehend. Auch Sie werden plötzlich Menschen mögen, mit denen Sie vorher vielleicht nicht mal gesprochen hätten. Dadurch, dass Sie Ihre Polarität geändert haben, ziehen Sie Menschen mit einer ähnlichen Polarität an und Sie finden Menschen, die eine ähnliche Polarität wie Sie haben anziehend. Deshalb ist es oft so, dass sich Gleiches zu Gleichem gesellt. Es ist eine ganz einfache Tatsache, die sich dadurch belegen lässt, indem man den Hang zur Gruppenbildung beim Menschen beobachtet. Oder beobachten Sie gute Freunde oder gar Liebespaare. Meistens sind die Ambitionen und Interessen similar. Nur, Sie wissen jetzt, wie das ganze funktioniert und suchen sich in Zukunft bewusster Ihre Wege aus, anstatt manipuliert zu werden. Durch eine positivere Einstellung werden Sie beginnen, bestimmte Menschen in Ihr Leben zu ziehen, die sich von Ihnen angezogen fühlen, oder der Meinung sind, Ihnen in irgendeiner Weise behilflich sein zu müssen. Es kann sein, wenn Sie das Ziel haben, sich z.B. als Detektiv selbstständig zu machen, dass Sie plötzlich Menschen kennen lernen, die sich auf Ihrem späteren Weg als Helfer herausstellen. Vielleicht ist ein Rechtsanwalt dabei, der Ihnen für Ihre Detektei Klienten zuführt. Oder es treten Menschen in Ihrem Leben auf, die Ihnen ein Buch in die Hand drücken, was Ihnen eine große

Hilfe sein wird. Auf all solche Zufälle, können Sie sich gefasst machen, wenn Sie die Erfolgsmethoden aus diesem Buch bewusst anwenden. Vielleicht lernen Sie so auf eine zufällige Art Ihren zukünftigen Arbeitgeber kennen? Möglich wäre es, ich habe viele Fälle dokumentiert, bei denen es so funktioniert hat. Selbst auf meinem Weg war es bisher sehr oft der Fall, dass ich genau die Menschen kennen gelernt habe, die mir weiterhelfen konnten. Auch Sie werden anfangen, die richtigen Menschen anzuziehen, da Ihr Unterbewusstsein bestimmte Schwingungen zu anderen Menschen sendet, die darauf anspringen. Außerdem werden Sie auch mit der Zeit ein Gefühl für die Ausstrahlung anderer Menschen in Ihrer Umgebung bekommen. Ihr Unterbewusstsein sendet nicht nur, sondern empfängt auch Schwingungen und wird Sie in die richtige Richtung weisen. Sie werden empfänglicher für den Gemütszustand Ihrer Mitmenschen und erkennen, in welcher Laune Sie sich befinden. Diese Fähigkeit der Empathie ist sehr nützlich bei Verhandlungen und verleiht Ihnen das nötige Feingefühl, mit ihren Mitmenschen umzugehen. All das wird sich für Sie auftun, wenn Sie sich Ihr Ziel deutlich vor Augen malen und wissen, welchen Weg Sie gehen müssen.

Die Welt macht dem Platz, der weiß, wohin er geht.
Ralph Waldo Emerson

Um also ein bestimmtes Ziel zu erreichen, müssen Sie Ihr Unterbewusstsein dazu bringen, den gewünschten Weg einzuschlagen. Das heißt, hören Sie jetzt damit auf, sich von anderen beeinflussen zu lassen. Hören Sie auf damit, sich von Fernsehen, Zeitung und der Gesellschaft sagen zu lassen, was Sie anziehen, essen, kaufen und vor allem denken sollen. Lassen Sie sich von niemandem mehr sagen, was Sie können und was nicht. Sie können alles das werden, an das Sie glauben. Wenn Sie nicht selbst denken, dann tun es andere für Sie, und raten Sie mal, wem es dabei besser geht?

Niemand hat mich gefragt, ob ich leben will, also kann mir auch niemand sagen, wie ich leben soll!!
Friedrich Schiller

Wie Sie sehen, hat Friedrich Schiller das mit diesem Ausspruch präzise formuliert. Nehmen Sie Ihr Schicksal ab jetzt selbst in die Hand. Lassen Sie sich von jetzt an nicht mehr von äußeren Umständen beherrschen, sondern herrschen Sie über diese Umstände. Und das ist ganz einfach, wenn man die geistigen Gesetzmäßigkeiten kennt und zu seinen Gunsten anwendet. Sie können sich absolut darauf verlassen. Diese Gesetze sind nichts anderes wie Naturgesetze und funktionieren immer und bei jedem, auch bei Ihnen. Jeder kann auf dem Wasser schwimmen, wenn er es erlernt hat, und jemand, der nicht schwimmen kann, wird untergehen und ertrinken. Deshalb, Sie können sofort Ihren unglücklichen Lebensumstand verlassen und erfolgreich sein. Alle Menschen, die bisher bewusst oder unbewusst diese Techniken anwandten, wurden ungeheurer erfolgreich. Es ist Ihnen sicherlich schon aufgefallen, dass in diesem Buch sehr viele Zitate von äußerst erfolgreichen Menschen zu finden sind, warum? Weil eben diese Männer mit diesen Zitaten nichts anderes sagen, als was ich hier in diesem Buch schreibe. Verfolgen Sie selbst Autobiographien von Menschen, die etwas Außergewöhnliches geschafft haben. Sie werden feststellen, dass bei jedem immer ein Gedanke zum Ziel wurde und der unerschütterliche Glaube, dieses Ziel zu erreichen. Und alle haben, ob Sie es wollen oder nicht, damit Ihrem Unterbewusstsein eine klare Vorstellung vermittelt, wohin der Weg gehen soll. Ich werde Ihnen jetzt im weiteren Verlauf zeigen, wie Sie Ihr Unterbewusstsein ganz gezielt beeinflussen können, damit Sie Ihr Ziel erreichen. Dann sind

Sie in der Lage, die Methoden gezielt einzusetzen, um Ihren weiteren Weg selbst bestimmen zu können. Sie bestimmen damit Ihr Schicksal von da an selbst. Fangen wir noch mal beim Glauben an und fassen zusammen.

Glaube

Fangen Sie jetzt an damit an, Ihr Unterbewusstsein zu beeinflussen um Ihr Schicksal zu formen. Die erste wichtige Technik dazu ist der Glaube. Bereits am Anfang dieses Buches habe ich ausführlich darüber berichtet, wie außerordentlich wichtig es ist, zu glauben. Zuerst kommt der Glaube. Diesen müssen Sie ständig mit sich herumtragen. Glauben Sie daran, dass Sie alles verwirklichen können, was Sie sich vorstellen. Damit haben Sie schon einen großen Schritt in Richtung neues Leben getan. Alles, was Sie in Ihrem Leben tun, getan haben oder noch tun werden, wird immer auf dem Glauben basieren. Denken Sie darüber nach. Sie können alles erreichen, woran Sie glauben können, und dafür gibt es mannigfaltige Beweise. Wladimir Kosmitsch Sworykin, der Mitbegründer des Fernsehens und Bildübertragung, glaubte z.B. daran, dass es eine Möglichkeit gibt, bewegte Bilder durch die Luft zu senden. Er wurde ausgelacht und sollte sogar in eine Nervenheilanstalt eingeliefert werden. Und doch ließ er sich nicht von seiner Idee abbringen, sondern er glaubte felsenfest an seine Idee. Letztendlich machte er das Unmögliche wahr und schuf eine Möglichkeit, Bilder durch die Luft zu übertragen. Der Glaube ermöglicht es auch, über glühende Kohlen zu gehen, ohne sich zu verletzen, und der Glaube hat es geschafft, dass wir heute in Flugzeugen sitzen und in wenigen Stunden von einem Ort der Erde zum anderen gelangen können. Stellen Sie sich vor, jemand hätte anfangs des 19. Jahrhunderts gesagt, dass es 80 Tonnen schwere Großraumflugzeuge geben wird, die bis zu 400 Passagiere in einer Höhe von zehntausend Metern befördern. Man hätte Sie wahrscheinlich auch für verrückt erklärt, nicht wahr? Und doch hat sich immer wieder gezeigt, dass Menschen alles das schaffen, an das Sie glauben. Dieses Prinzip ist wie ein Naturgesetz und es spielt keine Rolle, ob Sie bisher als dumm oder gebildet, gut oder böse galten. Ein guter Mensch kann sich genauso am Feuer verbrennen wie ein böser, und beide können damit auch köstliche Mahlzeiten zubereiten. Das Beste bei unserer Methode ist, dass willentliche Anstrengung verboten ist. Sie müssen sich einfach von Ihrem Unterbewusstsein leiten lassen und Sie werden Ihr Ziel erreichen. Gut, es ist vielleicht möglich, dass Sie ein wenig für den Erfolg arbeiten müssen, aber diese Anstrengung ist nichts im Vergleich damit, ein Leben voller Mangel in Arbeitslosigkeit zu fristen, ist es nicht so? Deshalb vertrauen Sie der Erfolgsmethode „Die 3 Kräfte“, denn diese Methode ist die Essenz aller Erfolgsrezepte, die es gibt. Der Glaube alleine versetzt schon Berge, aber das ist uns noch zu wenig. Wir wollen mehr, und deshalb zeige ich Ihnen weitere Möglichkeiten, Ihr Unterbewusstsein zu beeinflussen, so dass es gar keine andere Wahl mehr hat, Ihnen Ihre Wünsche zu erfüllen. Die nächste Technik ist die Imagination.

Imagination

Auch die bildhafte Vorstellung habe ich schon angedeutet. Die Vorstellung ist direkt nach dem Glauben die wichtigste Technik, Ihrem Unterbewusstsein etwas mitzuteilen. Denn die Sprache des Unterbewusstseins ist das Bild. Alles, was Sie sagen, oder gesagt bekommen, wandelt Ihr Unterbewusstsein in Bilder um. Daher ist eine klare bildhafte Sprache für das Unterbewusstsein sehr interessant und es reagiert auch sehr gut darauf. Auf diese Weise kommuniziert Ihr Unterbewusstsein auch mit Ihnen, so, wie es z.B. bei Träumen der Fall ist. Umso intensiver und deutlicher Sie eine bildhafte Vorstellung vom gewünschten Zustand haben, desto schneller wird sich dieser Zustand verwirklichen. Deshalb ist es so wichtig, dass Sie sich ein mentales Bild von Ihrem Ziel ausmalen. Wenn Sie also arbeitslos sind, fangen wir am besten erstmal klein an und stellen uns unsere neue Arbeitsstelle intensiv vor. Nähren Sie Ihren Geist mit dieser Vorstellung, so oft es Ihnen möglich ist. Am besten, Sie richten sich am Tag mindestens 15 Minuten ein, in denen Sie Ihrem Unterbewusstsein positive konstruktive Bilder übermitteln. Auch vor dem Schlafengehen ist es sehr fördernd, sich Vorstellungen zu machen. Ihr Unterbewusstsein reagiert sehr stark auf diese Bilder und möchte diese verwirklichen. Es wird anfangen, für Sie verborgen dafür nach Wegen zu suchen. Denken Sie noch mal an unser Pendelexperiment. Ihr Unterbewusstsein reagierte unmittelbar auf Ihre bildhafte Vorstellung und verwirklichte sie. Das Besondere aber an der Imagination ist die Tatsache, dass die Bilder, die Sie sich vorstellen, für Ihr Gehirn wahr sind. Ihr Gehirn macht keinen Unterschied zwischen einer Erinnerung und einer Vorstellung. Die Vorstellung, die Sie haben, ist für Ihr Unterbewusstsein so real wie eine tatsächliche Erinnerung. Ganz deutlich kann das mit Hypnose bewiesen werden. Es lassen sich in diesem Zustand ganz leicht Erinnerungen löschen und durch neue ersetzen, ohne dass die hypnotisierte Person einen Unterschied zur echten Erinnerung merken wird. Diese suggerierte Erinnerung (Vorstellung) ist für diese Person genau so wahr und real, als ob Sie es tatsächlich durchlebt hätte. Es gab auch Experimente mit Sportlern, die an Herzfrequenzmessgeräten und Pulsmessern angeschlossen waren und sich vorstellen sollten, sportliche Leistungen zu vollbringen. Tatsächlich schlugen die Geräte aus und der Puls der Sportler stieg an. Für das Unterbewusstsein war die mentale Vorstellung von Sport so real, dass es anfing, die Herzfrequenz zu steigern und die Körperaktivitäten hochzufahren. Es wurde sogar durch Tests bewiesen, dass es durch Vorstellung möglich ist, Muskelmasse aufzubauen und Kraftzuwachs zu erreichen. Dabei schnitten die Probanden im

Vergleich zu tatsächlich Trainierenden im Vergleich nur 30% schlechter ab, obwohl Sie tatsächlich keinen Finger rührten. Sie können also daraus schließen, dass Bilder unser Gehirn in intensiver Weise beeinflussen. Es spielt keine Rolle für Ihr Gehirn, ob die Bilder, die Sie im Geist haben, nur Imagination oder tatsächlich passiert sind. Sie können dieses Prinzip auch an Ihren Mitmenschen antesten. Wenn Ihr Ehepartner mal schlechte Laune hat, erinnern Sie Ihn beiläufig an etwas Schönes, indem Sie sagen: „ Ach, wenn wir zusammen essen gehen, geht es uns immer gut." Oder „Im letzen Urlaub hast Du aber mehr gelächelt." Die Person, zu der Sie das sagen, wird sich dann unweigerlich an den letzten Urlaub erinnern. Für das Unterbewusstsein ist diese Erinnerung oder Vorstellung so real, als ob Sie tatsächlich im Urlaub ist, und es wird dann genau dieselben positiven Gefühle auslösen, die mit diesem Ereignis verknüpft waren. Ihr Gesprächspartner wird wahrscheinlich sofort seine Gesichtszüge glätten und wesentlich entspannter wirken als noch wenige Augenblicke zuvor. Vorstellungen werden auch genau auf dieselbe Weise in den Zellen gespeichert, als ob es Erinnerungen wären und umgekehrt. Ihr Unterbewusstsein macht dabei nicht den geringsten Unterschied.

Auch die berühmte Formel von Albert Einstein E=mc2 ist für unsere Betrachtungsweise recht interessant. Diese Formel sagt uns, dass Energie gleich Masse mal Lichtgeschwindigkeit im Quadrat ist. Man kann daraus entnehmen, dass Energie = Masse ist und umgekehrt. Das bedeutet im Klartext, dass es gar keine Materie gibt, sondern dass alles aus Energie besteht. Nur die Form und Dichte unterscheidet sich. Da Gedanken auch messbare Energie sind, lässt sich erkennen, dass irgendwie alles aus derselben Masse zusammengesetzt ist. Bei Metaphysikern wird diese Energie auch Geist genannt, und die stellten folgenden Grundsatz auf:

Materie ist die niedrigste Form des Geistes, und Geist ist die höchste Form der Materie.

Mit dieser Aussage und der Theorie von Albert Einstein wird also angedeutet, dass Gedanken noch weit mehr sind, also unwillkürliche, biochemische Vorgänge im Gehirn, sondern tatsächlich Realität. Wenn Sie sich also ein Auto vorstellen, existiert dieses Auto tatsächlich genau so wie ein echtes Fahrzeug, das auf der Straße steht. Es hat, physikalisch gesehen, nur eine andere Dichte. Ihre Gedanken sind also Realität, ob psychologisch oder physikalisch gesehen. Und Ihr Unterbewusstsein sucht sich einen Weg, Ihre Vorstellung zu verwirklichen. Leider kann ich nicht tiefer in diese Thematik einsteigen, ohne ins religiöse oder esoterische Lager zu rutschen. Aber auf der geisteswissenschaftlichen Ebene gibt es weitere Theorien über Geist und Materie, die sich noch tiefer mit diesem Thema beschäftigen. Wichtig für das Erlernen unserer Erfolgsmethode ist, dass Sie wissen, dass jede bildhafte Vorstellung auf psychischer Ebene für Ihr Unterbewusstsein absolut real ist, und dass Ihr Unterbewusstsein auf Diskrepanzen Einfluss nimmt, um diese mit der bildhaften Vorstellung zu harmonisieren, und, dass Ihre Gedanken auf physischer Ebene Energie und somit auch wirklich real sind, gemäß der Relativitätstheorie von Albert Einstein. Ich denke, dass Sie keine Schwierigkeiten damit haben werden, zu glauben, das Unsichtbares tatsächlich existiert und in Erscheinung treten kann. Ich erinnere dabei an den elektrischen Strom. Diesen können wir auch nicht sehen, doch liefert er uns Energie und kann uns sogar töten. Sogar jetzt, in diesem Moment, in dem Sie dieses Buch lesen, sind Sie umgeben von unzähligen Daten, Bildern, Musik und Gesprächen, die von Satelliten um die ganze Welt gesendet werden. Sie können heute fast an jedem Punkt der Erde ein Handy benutzen. Dabei wird Ihre Stimme auch in unsichtbare digitale Einheiten umgewandelt und ins Weltall geschickt, um von dort aus zu einer ganz bestimmten Person zu finden. Dass sogar heute schon durch Wireless Lan oder UMTS das ganze Internet durch die Luft übertragen wird, ist schon erstaunlich, wenn man bedenkt, dass wir das alles weder sehen noch wahrnehmen können. Aber ebenso wie diese Welt von Strahlung, Elektrizität und Ferndatenübertragung existiert, gibt es die geistige Welt, ebenfalls nicht sichtbare Ebene, die unser Leben im erheblichen Maße beeinflusst. Das Gute aber ist, dass Sie jetzt um die geistigen Gesetze Bescheid wissen und in Zukunft diese zu Ihren Gunsten ausnutzen können.

Doch was ist, wenn ich trotzdem nicht an meinen Erfolg glauben kann? Was ist, wenn ich Zweifel hege und Angst davor habe, die richtigen Schritte zu unternehmen? Was ist, wenn ich glaube, dass ich kein Erfolgsmensch bin? All diese Fragen finden ihren Ursprung in einer falschen Programmierung. Diese falsche Programmierung steht Ihnen im Weg. Sie selbst stehen sich damit im Weg.

Wenn Du immer nur die Schattenseite siehst, dann dreh` Dich mal in Richtung Sonne, und vielleicht merkst Du dann, dass Du die ganze Zeit nur in Deinem eigenen Schatten gestanden hast.
Christoph Mittler-Coe (1965)

Ich werde Ihnen jetzt zeigen, wie eine falsche Programmierung zustande kommt und wie man diese Hindernisse auflösen kann. Außerdem werden Sie ein weiteres machtvolles Werkzeug kennen lernen, mit dem Sie Ihr Unterbewusstsein auf überzeugende Art beeinflussen. Um den Anfang zu machen, sollten wir klären, wieso eine falsche Programmierung überhaupt entsteht. Wie Sie wissen, haben wir kurz das Thema

„automatische Handlung" schon einmal behandelt. Das Bewusstsein ist ziemlich träge und möchte nicht jedes Mal über jede Aktion nachdenken müssen. Deshalb übergibt es die langweiligen lästigen Aufgaben dem Unterbewusstsein. Wenn das Unterbewusstsein erstmal eine Handlung übernommen hat, dann wird diese Handlung zur automatischen Handlung, Zwang oder Gewohnheit. Ein Beispiel zur automatischen Handlung ist das Schreibmaschinenschreiben, man muss es mühsam lernen und üben bevor man blind schreiben kann(Üben = Wiederholen). Durch die ständige Wiederholung der Übungen prägen sich die Tasten ins Unterbewusstsein ein und nach einiger Zeit können Sie fast automatisch in einer Geschwindigkeit schreiben, die bewusst niemals möglich wäre. Sonst müssten Sie jedes Mal erneut nachdenken, wo überhaupt die Taste ist, mit der Sie schreiben wollen. Ähnlich verhält es sich mit dem Klavierspielen. Auch Fahrrad- und Autofahren spielen sich zum größten Teil nur noch automatisch ab, ohne dass Sie darüber große Überlegungen anstellen müssen. Aber auch einzelne wiederholte Handlungen werden automatisiert und somit zur Gewohnheit. Eine schädliche Gewohnheit ist z.B. das Rauchen oder Essen. Haben wir schlechte Essgewohnheiten, nehmen wir zu und haben große Schwierigkeiten, aus dieser Gewohnheit wieder herauszukommen. Ebenso ist es mit dem Rauchen, nur dass Zigaretten zusätzlich noch süchtig machen. Eine Gewohnheit, die Sie nicht mehr kontrollieren können, nennt man Zwang. Ihr Unterbewusstsein macht aber nicht nur Handlungen zur Gewohnheit, sondern auch Ihre Gedanken. Wenn Sie oft denken, dass Sie minderwertig sind, gewöhnen Sie sich an diesen Gedanken und alle übrig gebliebenen positiven Gedanken passen sich allmählich den gewohnheitsmäßigen Gedanken an, und Sie verlieren immer mehr die Kontrolle darüber. Schon im jüdischen Talmud steht genau aufgeschrieben:

Säe einen Gedanken und ernte eine Tat. Säe eine Tat und ernte eine Gewohnheit. Säe eine Gewohnheit und ernte einen Charakter. Säe einen Charakter und ernte ein Schicksal.

Ihr Unterbewusstsein übt mehr Einfluss über Ihr bewusstes Handeln aus, als Sie vielleicht glauben können. Denn Ihre Gewohnheiten bestimmen tatsächlich Ihren Charakter und damit Ihr Schicksal. Schlechte Gewohnheiten führen langfristig zu Krankheiten, Problemen und Disharmonie auf persönlicher und partnerschaftlicher Ebene. Gute hingegen bewirken auf Dauer Harmonie und Gesundheit. Gewohnheiten prägen sich aus unseren Gedanken und Handlungen. Zeit und Wiederholung spielen dabei eine entscheidende Rolle. Wenn Sie dann mit Vernunft gegen schlechte Gewohnheiten und Zwänge ankämpfen, machen Sie es gemäß des Gesetzes der „gegenteilig bewirkten Anstrengung" nur noch schlimmer. Sie werden mir sicherlich zustimmen, wenn ich sage, dass Gewohnheiten tatsächlich unser Leben bestimmen. Wenn wir also unser Schicksal bestimmen wollen, müssen wir lernen, unseren Charakter zu ändern. Unser Charakter wird durch unsere Gewohnheiten bestimmt, unsere Gewohnheiten sind nichts anderes als Programme, die in unserem Inneren ablaufen. Wenn wir also eine schlechte Angewohnheit haben, können wir von einer falschen Programmierung sprechen. Ihr Unterbewusstsein arbeitet nach einem Programm, dass Sie selbst ihm eingegeben haben. Wenn Sie vor einer Tür stehen, brauchen Sie nicht nachzudenken, Sie öffnen Sie einfach automatisch. Weil Sie Ihr Unterbewusstsein so programmiert haben. Die Tür ist der Auslöser für eine bestimmte programmierte Handlung, die in Ihnen steckt. So gibt es viele Auslöser, die bestimmte Handlungen hervorrufen. Schönes Wetter kann z.B. gute Laune auslösen oder ein Geruch kann Sie dazu bringen, sich an vergangene Ereignisse zu erinnern.

Alle diese Programme sind durch Wiederholung ins Unterbewusstsein gelangt und arbeiten von dort aus ständig und beeinflussen unser Handeln. Dieses System ist von der Natur sehr intelligent angelegt worden, um uns großes Überlegen in Gefahrensituation zu ersparen. Wenn Gefahr droht, haben wir den Impuls wegzulaufen, wenn wir nämlich in Gefahr erst groß nachdenken müssten, was zu tun ist, könnte es uns das Leben kosten. Aber die Sache hat einen Haken. Ihr Unterbewusstsein bewertet die Programme oder Gewohnheiten, die in Ihnen arbeiten, nicht. Das bedeutet, dass schlechte schädliche Programme ebenso ablaufen, wie gute konstruktive Gewohnheiten. In diesem Buch lernen Sie aber, Herrscher über die Umstände zu werden anstatt von Ihnen beherrscht zu werden. Sind vielleicht schlechte Denkgewohnheiten dafür verantwortlich gewesen, dass Sie bisher keinen Erfolg hatten? Bestimmt! Auch wenn Sie es bisher noch nicht erkannt haben. Der Schlüssel zu den Gewohnheiten sind unsere Gedanken. Jeder Gedanke oder jede Tat, die sich wiederholen, prägen sich ins Unterbewusstsein ein, und werden zur Gewohnheit oder Programm. Lassen Sie uns dieses Prinzip ausnutzen, um Ihr Unterbewusstsein mit aufbauenden positiven Gedanken zu programmieren. Denn diese Programme, die in Ihnen ablaufen, bestimmen nämlich was Sie denken, wie Sie handeln, und was Sie in Zukunft noch tun werden. Wenn Sie z.B. öfter schlechte Gedanken haben, liegt das an einer falschen Programmierung. Diese Programme haben sich seit Ihrer Kindheit gebildet und bis heute entwickelt. Es ist an der Zeit, diese Programme nicht mehr dem Zufall zu überlassen, denn wie gesagt, können diese sehr destruktiv sein. Diese schädlichen Programme können dafür verantwortlich sein, dass Sie schüchtern, alkoholsüchtig, fresssüchtig, zornig oder depressiv sind. Das Schlimme dabei ist sogar, dass Sie nicht unbedingt für diese schädlichen Verhaltensweisen verantwortlich sein müssen. Denn Ihr

Unterbewusstsein nimmt nicht nur Ihre eigenen Gedanken auf, sondern auch die Ihrer Mitmenschen, in Form von gesprochenen Worten. So sind z.B. Aussprüche der Eltern zu ihren Kindern wie: „Aus Dir wird nie etwas“, „Du bist dumm“, „Du kannst es nicht“ katastrophal. Besonders dann, wenn diese gefährlichen Suggestionen wiederholt ausgesprochen werden. Bei Kindern ist es sogar so, dass ihr Unterbewusstsein aufnahmefähig wie ein Schwamm ist. Es reicht oft schon, wenn ihr Bewusstsein eine Aussage als wahr annimmt, dass diese direkt als Programm ins Unterbewusstsein installiert wird. Kinder oder Jugendliche, die oft mit solchen Kommentaren konfrontiert wurden, haben im Erwachsenenalter große Probleme und wissen gar nicht warum. In psychoanalytischen Behandlungen kommt immer wieder ans Tageslicht, dass manchmal ein falsches Wort von Eltern oder Lehrern dazu geführt hat, dass ein Mensch in seinem späteren Leben mit unüberwindbaren Problemen zu kämpfen hatte. Aber es gibt eine Möglichkeit, diese schädlichen Programme zu neutralisieren und durch neue positive zu ersetzen. Wie wir schon erkannt haben, führen wiederholte Gedanken zu Gewohnheiten, also zu Programmen. Diese Programme laufen in unserem Unterbewusstsein ab und beeinflussen wiederum unsere bewussten Entscheidungen. Unsere Entscheidungen bestimmen dann unser Schicksal. Zusätzlich werden diese im Unterbewusstsein laufenden Programme als wahr vom Unterbewusstsein angenommen. Das bedeutet, dass auch unbewusste Programme sich verwirklichen wollen. Wenn Sie z.B. früher oft gehört haben: „Du wirst es nie zu etwas bringen und landest im Armenhaus“, kann diese Suggestion ins Unterbewusstsein gelangt sein. Diese Suggestion arbeitet nun in Ihrem Inneren und wird, da sie von Ihnen als wahr angenommen wurde, versuchen, diese Vorstellung zu verwirklichen. Dieses Prinzip nennt man dann „self fullfulling Prophecy“. Das bedeutet, eine Prophezeiung, die Ihnen jemand

ausgestellt hat, wird von Ihnen auf unbewusster Ebene verwirklicht, da Sie daran glauben. Wenn Sie also in der Vergangenheit viele Probleme hatten, kann das an einer falschen Programmierung gelegen haben. Wenn ein Computerprogramm nicht mehr zuverlässig arbeitet, wird es Zeit, das Betriebssystem zu wechseln. Die Programmiersprache Ihres Unterbewusstseins nennt man „Suggestion". Es funktioniert nach dem alten Prinzip „Was ein Mensch sät, dass wird er auch ernten", in moderner Computersprache heißt das „Input gleich Output". Die Technik, um gezielt Programme in Ihr Unterbewusstsein zu prägen und diese für sich arbeiten zu lassen, nennt man Autosuggestion. Auto bedeutet dabei, dass Sie sich selbst die Suggestionen geben, die Ihr Unterbewusstsein beeinflussen sollen. Sie lernen also jetzt, wie Sie in der Lage sind, sich selbst auf Erfolg zu programmieren und Ihr Unterbewusstsein in der Art zu beeinflussen, dass es für Sie automatisch nur Positives produziert, Tag und Nacht. Mit dieser Technik können Sie sich praktisch selbst verändern und seelische Blockaden auf einfache Weise auflösen. Nach einiger Zeit, wenn diese Programme anfangen zu arbeiten, werden Sie sich mehr und mehr Ihrem Wunsch entsprechend verändern. Besonders gut ist die Wirkungsweise der Autosuggestion in der Online Enzyklopädie Wikipedia zusammengefasst:
Dort heißt es:

Autosuggestion ist der Prozess, durch den eine Person ihr Unterbewusstsein trainiert, an etwas zu glauben. Dies wird erreicht durch Selbsthypnose oder wiederholte Selbst-Affirmationen und kann als eine Form von selbst-induzierter Gehirnwäsche angesehen werden. Die Akzeptanz von Autosuggestionen durch den Geist kann durch mentale Visualisierungen des erwünschten Ziels beschleunigt werden.

Der Erfolg der Autosuggestion wird umso wahrscheinlicher, je konsistenter und länger (bzw. öfter) sie angewendet wird.

Autosuggestion wird meistens so durchgeführt, dass man im Geist immer den gleichen Gedanken wiederholt, bis der Geist ihn akzeptiert hat. Dabei ist es egal, ob es sich um einen positiven oder negativen Gedanken handelt. Man hofft dann, dass sich dieser Gedanke in Überzeugungen oder Tatsachen verwandelt. Dieser Prozess kann sowohl absichtlich wie auch unabsichtlich erfolgen, obwohl Autosuggestion normalerweise die bewusste Anwendung bedeutet. Sich die Auswirkungen einer Überzeugung bildlich vorzustellen, sie verbal zu bekräftigen oder sie zu denken, indem man seine innere Stimme benutzt, sind typische Wege, den eigenen Geist durch Autosuggestion zu beeinflussen.

Die Lehre der Autosuggestion wurde von dem französischen Apotheker Emile Coué im 19. Jahrhundert entwickelt. Er bemerkte, dass die Wirkung der Medikamente, die er seinen Kunden gab, davon beeinflusst wurde, mit welchen Worten er sie ihnen überreichte. Aus dieser Beobachtung entwickelte er den Gedanken, dass jeder Mensch sein Wohlbefinden steigern kann, indem er sich selbst Suggestionsformeln vorsagt.

Quelle: http://de.wikipedia.org/wiki/Autosuggestion

Besonders treffend ist die kurze Formulierung: „Autosuggestion heißt, dass man im Geist immer den gleichen Gedanken wiederholt, bis der Geist ihn akzeptiert hat". Und sobald Ihr Unterbewusstsein erstmal einen Gedanken akzeptiert hat, wird es diesen Gedanken auch mit höchster Zuverlässigkeit verwirklichen. Diese Methode eignet sich insbesondere dafür, wenn Sie noch keinen starken Glauben haben und nicht fassen können, was Ihnen alles möglich ist. Die Suggestion ist eine Technik, die direkt das Unterbewusstsein anspricht. Wenn Sie bewusst Probleme haben zu Glauben oder sich Vorstellungen zu machen, prägen Sie mit dieser Technik Ihre Vorstellung direkt ins Unterbewusstsein ein. Sie täuschen Ihrem Unterbewusstsein praktisch vor, dass Sie bereits an etwas glauben. Und so wird Ihr Unterbewusstsein dabei helfen, dass Sie sich in diese Richtung bewegen. Emile Coué entdeckte dieses machtvolle Werkzeug als Erster. Coué war Apotheker und erkannte den Placebo Effekt, indem er seinen Kunden die angebliche Wirkungsweise des verkauften Präparates erläuterte. Er gab seinen Kunden also Suggestionen wie: „ Das wird Ihnen bestimmt helfen“, oder „ Diese Medizin hat immer Erfolg“.. Er stellte fest, dass die Kunden, denen er von der Wirkungsweise des Medikamentes erzählte, schneller wieder gesund wurden als diejenigen, denen er nichts erzählte. Manche Präparate hatten sogar überhaupt keine Wirkung, und trotzdem verspürten die Kunden von Coué eine Wirkung, ganz so, wie er es Ihnen gesagt hatte. Er fand heraus, dass diese besonderen Heilerfolge einzig und allein seinen Suggestionen zu verdanken waren. Später gründete er sogar ein Krankenhaus, in dem die Patienten, die zu ihm kamen, nur mit der Technik der Autosuggestion behandelt wurden. Denn Coué erkannte, dass die Ursache aller Dinge, auch von Krankheiten, Gedanken sind. So forderte er die Kranken auf, folgenden Satz je 20 Mal morgens und abends zu wiederholen: „ Es geht mir mit jedem Tag in jeder Hinsicht immer besser und besser“. Das Ergebnis dieser Behandlung war, dass viele Patienten von ihren Beschwerden geheilt wurden. Es gab dabei Fälle von Lähmung, Blindheit und andere hoffnungslose Fälle. Kein Wunder, dass Coué sogar als Wunderheiler zu seiner Zeit galt. Dabei betonte er immer, dass nicht er die Menschen heilen würde, sondern dass sie es selbst tun würden. Die Technik der

Autosuggestion wird Ihnen nicht nur helfen, lästige Gewohnheiten abzulegen und durch neue positive zu ersetzen, sondern Sie verstärken Ihre Ausstrahlung um charismatischer, offener, selbstbewusster zu wirken. Sie werden beginnen, Ihr eigenes Leben positiver zu sehen, glücklicher und zufriedener zu sein, mehr Hoffnung zu haben. Nebenbei beeinflussen Sie Ihre Gesundheit positiv, z.B. um Ihr Immunsystem zu stärken und Schmerzen zu lindern und können lästige Krankheitssymptome vermindern.

Doch wie funktioniert das mit den Autosuggestionen? Nehmen wir an, Sie wären faul, müssten aber aufgrund Ihrer gesundheitlichen Situation anfangen, Sport zu treiben. Wenn Sie jetzt anfangen würden sich zu bewegen, obwohl Sie keine große Lust dazu sondern eher eine Abneigung gegen Sport haben, würde es Ihre Abneigung nur verstärken. Sie würden beispielsweise mit einer negativen Einstellung anfangen zu laufen, die dazu führen würde, dass sie nur die negativen Aspekte dieser Aktion wahrnehmen würden. Das wiederum würde Sie in Ihrer Meinung stärken und Ihren Widerstand gegen Sport verschlimmern. Anders wäre es, wenn wir dieses Problem mit der Autosuggestion lösen würden. Der richtige Weg würde dann folgendermaßen aussehen. Als erstes brauchen wir eine positiv formulierte Suggestion, die uns nicht eingrenzt. Das heißt, wir vermeiden negative Ausdrücke wie: nicht, kein und die Vorsilben un und ent. Denn Ihr Unterbewusstsein denkt ja in Bildern und man kann sich nicht etwas nicht vorstellen. Das bedeutet, wenn Sie sagen würden "Ich bin ab jetzt *nicht* mehr faul" wäre die Botschaft an Ihr Unterbewusstsein in Form von Bildern: „Ich bin jetzt faul". Wenn Sie jetzt versuchen würden, sich <u>keinen</u> gelben Hund vorzustellen, müssten Sie sich ihn erst vorstellen, um zu wissen, es nicht zu tun. Aus diesem einfachen Grund sollten wir bei unserer Suggestionsbildung darauf achten, nur positiv zu formulieren. Das Zweite ist, dass wir versuchen sollten, unsere Suggestionen nicht zu begrenzen. Ein banales Beispiel dafür wäre: „Ich verliere jeden Tag 3 Pfund Gewicht“. Sie haben also in Ihrer Situation mit dem Wert 3 Pfund festgelegt, dass Sie nicht mehr abnehmen könnten, ist es nicht so? Auf der einen Seite haben Sie so Ihren Erfolg selbst gebremst, aber aus anderer Sicht setzen Sie sich damit unter Druck. Sie wollen Ihren Körper dazu zwingen, nicht weniger abzunehmen. Dadurch geraten Sie in einer Drucksituation, die sich dadurch verschlimmern würde, wenn Sie das erwartete Ziel nicht erreichen würden. Sie würden den Glauben an Ihre Suggestion verlieren. Durch den Druck würden Sie gemäß dem Gesetz „der gegenteilig bewirkten Anstrengung“ überhaupt keinen Erfolg mehr haben. Sie würden sich nämlich willentlich anstrengen, Gewicht zu verlieren, und dabei an Ihre Misserfolge denken. Dieses Gesetz hatten wir ja bereits behandelt. Richtig wäre es, die Suggestion offen zu formulieren, also: „Ich verliere mit jedem Tag Gewicht und fühle mich dabei immer wohler“. Diese Suggestion ist positiv und offen formuliert und wird zum Erfolg führen. Kehren wir nun zu unserem Sportfaulen zurück und erstellen für ihn eine geeignete Autosuggestion. In meinen Augen würde sich sehr gut eignen: „Ich genieße es wirklich, körperlich gut in Form zu sein. Ich achte auf meinen Körper. Ich halte mich fit“. Wie Sie sicherlich bemerkt haben, ist die Affirmation zusätzlich noch so formuliert, als wenn der gewünschte Zustand schon eingetreten wäre. Das deckt sich auch mit dem, was Sie bisher über die Wirkungsweise des menschlichen Geistes gelernt haben. Die Suggestionsformel sollte laut Emile Coué folgendermaßen angewendet werden:

- Führen Sie die Suggestion auf eine möglichst schlichte, kindliche und mechanische Art und Weise aus. Verzichten Sie dabei auf jede willentliche Anstrengung.

Sagen Sie die Formel wie eine Litanei herunter. Auf diese Weise gelangt sie mechanisch über das Ohr ins Unbewusste. Wenn sie dort eingedrungen ist, wirkt sie.

- Wichtig ist auch, dass die Formel gesprochen wird, da das Aussprechen nicht so anstrengend ist wie sich zu konzentrieren und zu denken. Anstrengung muss vermieden werden.
- Die Autosuggestion entfaltet ihre Wirkung durch die Wiederholung. Wie Sie gelernt haben, machen wir uns die Macht der Gewohnheit zunutze. Wenn Sie die Formel nur einmal pro Woche aufsagen würden, wäre die Wirkung eher zweifelhaft.
- Emile Coués Universal-Formel war: Es geht mir mit jedem Tag und in jeder Hinsicht immer besser und besser". Seine Patienten sollten dieses sofort morgens vor dem Aufstehen und abends vor dem Einschlafen je 20 Mal wiederholen, da zu diesen Zeiten das Unterbewusstsein besonders aufnahmefähig ist.

Wenn unser bequemer Freund jetzt anfangen würde, unsere Formel nach Coues Anweisung zu verwenden: „Ich genieße es wirklich, körperlich gut in Form zu sein. Ich achte auf meinen Körper. Ich halte mich fit", nämlich je 20 Mal nach dem Aufwachen und dem Einschlafen, würde sich das so auswirken. Kehren wir wieder zu unserer Computersprache zurück. Unser Freund fängt damit an, ein neues Programm zu installieren. Das alte Programm sagt: „Ich hasse Bewegung und bin faul". Daher kommt es an den ersten Tagen zu einem unbewussten Konflikt. Bei unserem Sportsfreund tauchen Zweifel auf und er denkt, dass er den Unsinn lieber lassen sollte. Doch er hört nicht auf mit seinen Affirmationen. Nach vier Tagen erwischt er sich bei einer Unterhaltung dabei, wie er gerade sagen wollte: „Sport ist nichts für mich, Sport ist Mord". Er unterbricht seinen Satz und sagt stattdessen: „Bewegung ist ja wirklich gesund für Körper und Geist“. Er fängt langsam damit an, darauf zu achten, was er so von sich gibt. Denn alles, was wir sagen, ist letztlich auch Autosuggestion. Er entwickelt also von sich aus eine Sensibilität für das, was er sagt. Nach etwa acht Tagen wird er hellhörig, wenn es um Fitness geht. Wenn andere darüber sprechen, wird er mit einem Ohr mithören. Auch Zeitungsartikel, die diese Themen behandeln, werden ihm auf einmal hochinteressant erscheinen. Nach rund zwei Wochen beginnt er, sich im Geiste auszumalen, wie er durch den Wald laufen wird und wie viel Spaß ihm das machen würde. Er wird sich in seinen Träumen besonders die positiven Seiten des Waldlaufs ausmalen. Er bekommt frische Luft. Er lernt vielleicht neue Leute kennen. Er wird Gewicht verlieren und ein besseres körperliches Erscheinungsbild erwirken. Sie sehen also, dass sich die Suggestion potenziert. Nach allerspätestens vier Wochen wird er den unwiderstehlichen Drang verspüren, mit dem Laufen oder einer anderen Sportart anzufangen. Er wird es dann sogar gemäß der Suggestion regelrecht genießen. Da er in seinem ganzen Körper den Drang zur Bewegung ausgelöst hat, werden sich bei ihm auch schneller Fortschritte einstellen, da sein gesamter Organismus bereits mental auf die ganze Angelegenheit vorbereitet wurde. Das alte Programm ist nun durch ein neues ersetzt worden und unsere faule Socke genießt es ab jetzt, sich zu bewegen. Doch Vorsicht, das alte Programm ist nicht gelöscht, es ist lediglich überschrieben und deaktiviert worden. Es ist aber immer noch da. Unser Unbewusstes nimmt aktiviert immer den stärkeren Gedanken an und macht ihn zur Gewohnheit. Das haben wir durch die ständige Wiederholung erreicht. Wenn unser Sportsfreund jetzt anfängt, sich nach einiger Zeit zu denken, „Mensch, auf der Couch ist es aber gemütlich“, dann holt er sich einen bildhaften Gedanken ins Bewusstsein und lädt ihn mit einer Emotion auf. Gedanken, die mit einer Emotion aufgeladen wurden, haben eine ungeheure Stärke und werden unseren Läufer dazu verführen, sich dieses angenehme Bild öfter ins Bewusstsein zu rufen. So wendet sich das Blatt dann und die Couch wird das vorherrschende Bild in seinem Geist. Das Ende vom Lied wird sein, dass er wieder in seine alten Gewohnheiten verfällt und diese noch mehr genießen wird als vorher. Obwohl es für ihn schädlich ist. Genauso verhält es sich mit allen Lastern wie rauchen, trinken oder faulenzen. Wir fangen an, Gedanken und Erinnerungen mit positiven Emotionen aufzuladen und diese werden dann unwiderstehlich für uns. Schon Jesus warnte vor dieser Gefahr, als er sagte:

Ein unreiner Geist, der einen Menschen verlassen hat, wandert durch die Wüste und sucht einen Ort, wo er bleiben kann. Wenn er keinen findet, sagt er: Ich will in mein Haus zurückkehren, das ich verlassen habe. Und wenn er es bei seiner Rückkehr sauber und geschmückt antrifft, dann geht er und holt sieben andere Geister, die noch schlimmer sind als er selbst. Sie ziehen dort ein und lassen sich nieder. So wird es mit diesem Menschen am Ende schlimmer werden als vorher.

Lukas 11,24-26

Wenn Sie also auf dem richtigen Weg sind, vermeiden Sie jeden Gedanken an den vorherigen Zustand, in dem Sie vorher gewesen sind. Unser Sportsfreund muss jeden Gedanken an Bequemlichkeit streng von sich weisen. Sonst heißt es auch bei Ihm: „So wird es mit diesem Menschen am Ende schlimmer werden also vorher". Das erreicht er am besten damit, dass er sich im Falle von schlechten Gedanken seinen Suggestionen zuwendet. Denn so lange das alte Programm noch da ist, wird es die erste Zeit versuchen, wieder hervorzukommen, um sich wieder bei Ihnen durchzusetzen. Bis ein altes Programm vollständig in den Hintergrund getreten ist, kann es bis zu einem Jahr dauern. Halten Sie Ihren Blick also geradeaus gerichtet und bekämpfen Sie „böse Geister“ mit positiven Affirmationen. Vermeiden Sie es jederzeit, über schlechte Gedanken zu grübeln oder schädliche Gewohnheiten zu visualisieren. Deshalb sagte Jesus auch dieses Bibelwort.

«Wer anfängt zu arbeiten und sich dann durch irgend etwas ablenken lässt, kann Gottes Auftrag nicht ausführen.»
Lukas 9, 62

Schreiben Sie sich am besten diesen Satz auf, um sich daran zu erinnern, keinem schlechten Gedanken mehr Beachtung zu schenken. Denn wie Gedanken wirken können, wissen Sie ja. Das ist der Grund, warum die meisten Menschen in ihrem Leben scheitern. Sie lassen sich ganz einfach von Ihren Zielen und Träumen ablenken. Das Einzige, was Sie tun müssen, ist, sich beharrlich auf konstruktive Gedanken zu konzentrieren und schlechte Gedanken zu eliminieren. Das beste Werkzeug dazu ist die Autosuggestion. Damit Sie aber die ungeheure Macht der Autosuggestion nun für sich nutzen können, möchte ich Ihnen gerne ein Schema vorgeben, das Sie aufbauen und in die richtige Richtung lenken wird. Wenn Sie dieses Buch gekauft haben, weil Sie am Boden und arbeitslos sind, halten Sie sich bitte zuerst an das vorgegebene Schema. Wenn Sie Ihr erstes kleines Ziel erreicht haben, können Sie die Erfolgsmethoden aus diesem Buch anwenden wie Sie möchten. Dann wissen Sie auch ganz genau, wie der menschliche Geist funktioniert, und können auf eigene Faust damit erreichen was Sie wollen. Ich empfehle Ihnen, dass Sie die erste Schritte mit mir gehen. Dann sind Sie auf der sicheren Seite. Jedes Kind lernt das Fahrradfahren auch zuerst mit einem Lehrer. Ich möchte, dass Sie Erfolg haben und wieder glücklich werden. Deshalb richten Sie sich zuerst nach mir. Wenn wir gemeinsam das Ziel erreicht haben, eine neue Einkommensquelle für Sie zu erschließen, können Sie die Prinzipien in diesem Buch ganz für sich verwenden.

Um die Macht der Autosuggestion zu nutzen, verwenden Sie die folgenden Suggestionen:

- Es geht mir mit jedem Tag und in jeder Hinsicht immer besser und besser.
- Ich werde mit jedem Tag in jeder Beziehung immer reicher und reicher.
- Ich bin reich, ich habe Erfolg, ich werde jetzt aufsteigen.
- Ich bin erfolgreich. Ich bin auf dem besten Weg zu größerem finanziellen Erfolg und Unabhängigkeit.

Investieren Sie die nötige Zeit für diese Affirmationen. Versuchen Sie mindestens zweimal am Tag, jede dieser Suggestionen je 20 Mal zu wiederholen. Am besten dazu eignet sich die Zeit morgens, nachdem Sie aufgewacht sind, und abends, kurz bevor Sie einschlafen. Sollte das nicht möglich sein, versuchen Sie es, sobald es Ihnen möglich ist. Denn morgens und abends ist Ihr Bewusstsein weniger aktiv und Ihr Unterbewusstsein ist sehr offen für Suggestionen. Sprechen Sie diese Affirmationen auch vor sich her, wenn Sie mit dem Hund spazieren gehen oder Auto fahren. Tun Sie es so oft es Ihnen möglich ist. Diese Affirmationen alleine werden aus Ihnen einen neuen Menschen machen. Sie werden ganz von alleine damit anfangen, bestimmte Dinge zu visualisieren und hinhören, wo es wichtig für Sie ist. Sie machen sich die Macht der Gewohnheit zu Nutze, um Ihr Unterbewusstsein ständig nur positiven Gedanken auszusetzen. Den Rest wird dann Ihr Unterbewusstsein vollkommen automatisch für Sie erledigen. Die Autosuggestion ist eine der effektivsten Möglichkeiten, um den Geist zu beeinflussen. Nach einiger Zeit gehen diese Suggestionen in Fleisch und Blut über und entwickeln im Gehirn selbstständige automatische Muster. Durch diese Muster wird Ihr internales Repräsentationssystem dahingehend verändert, dass Sie plötzlich Möglichkeiten wahrnehmen, die Ihnen vorher nie in den Sinn gekommen wären. Die Welt, die Sie wahrnehmen, ist praktisch von Ihnen selbst erschaffen worden. Wenn Sie mit Ihren Augen etwas sehen, wird dieses Bild umgekehrt auf die Netzhaut projiziert und Ihr Gehirn repräsentiert Ihnen dann dieses Bild zusammen mit den anderen Sinneseindrücken. Das ist dann Ihre Wahrnehmung. Das, was Sie wahrnehmen, wird Ihnen von Ihrem Gehirn vorgegeben. Allerdings entspricht der Eindruck von der Welt, den Sie von Ihrem Gehirn geboten bekommen, nicht ganz der Wirklichkeit. Der Eindruck, den Sie erhalten, ist nämlich stark gefiltert worden. Alle Informationen, die Sie ursprünglich aufgenommen haben, werden durch sogenannte kognitive Beurteilungsprogramme gestärkt, abgeschwächt und bewertet. Die Bewertung der Sinnesreize hängt dabei stark von Ihrem Glaubenssystem ab. Das Ergebnis dieses Prozesses ist, das Sie nur die Wirklichkeit wahrnehmen, die Ihnen Ihr Gehirn repräsentiert. Die Art und Weise, wie das Gehirn Ihnen die Wirklichkeit zeigt, nennt man internales Repräsentationssystem. Dieses System ist z.B. dafür verantwortlich, dass einer zum Glas Wasser halbvoll sagt und der andere halbleer. Manche Menschen bevorzugen auch bestimmte Sinneseindrücke. Der andere nimmt seine Umgebung bevorzugt mit den Augen wahr, der andere bewertet seine Umwelt nach Gehör. Wieder andere Menschen nehmen die Umgebung durch Gefühle wahr und beurteilen aufgrund dessen Ihre Umwelt. Wenn Sie einen Menschen, der die Welt lieber mit den Augen wahrnimmt, fragen, wie der Urlaub wahr, wird er höchstwahrscheinlich Antworten geben wie „das Meer war schön blau“ oder „der Sand war weiß“.

Derjenige, der aber sich nach dem Gehör richtet, wird anders auf diese Frage reagieren. Zum Beispiel mit „es war sehr ruhig“ oder „man konnte immer das Rauschen des Meeres hören“. Dieses Repräsentationssystem wird von Ihrem Unterbewusstsein gesteuert, und wenn Sie die Welt als schlecht empfinden, werden Sie auch nur Schlechtes wahrnehmen. Wenn Sie aber Ihr Unterbewusstsein auf die schönen Seiten programmiert haben, werden Sie auch die schönen Seiten des Lebens wahrnehmen. Durch die Autosuggestion beeinflussen Sie Ihr Unterbewusstsein in besonderer Weise und damit auch Ihr Repräsentationssystem. Statt überall nur Leid und Arbeitslosigkeit werden Sie bald die Chancen wahrnehmen, die es an jeder Ecke gibt. Statt neidisch auf Ihren Nachbarn zu sein, der vielleicht eine Pizzabude eröffnet hat, werden Sie vielleicht denken, den kann ich vielleicht mit meinem Wagen helfen und selbst was dabei verdienen. Wenn ich durch die Stadt gehe, nehme ich dauernd Möglichkeiten wahr und sehe überall den Reichtum. Wenn Sie die Autosuggestion verwenden, wird sich nicht nur Ihr Verhalten ändern, sondern Sie werden Dinge sehen, die Ihnen vorher nie aufgefallen wären. Es ist wirklich wahr, der Mensch schafft sich seine eigene Realität. Merken Sie, wie alles ineinander greift und welche Macht alleine die Art zu denken hat? Denn wenn Sie anfangen, neue Möglichkeiten zu entdecken, stellen Sie sich diese auch bildhaft vor. Durch die Vorstellung wird Ihr Unterbewusstsein beeinflusst und unterstützt Sie in Ihrer Richtung. Sie sind in der Lage, Ihre Welt zu verändern. Sie sind der einzige Denker in Ihrer Welt. Niemand kann Ihnen vorschreiben, wie Sie über eine Situation zu denken haben. Nutzen Sie die Macht der Autosuggestion, um Ihre Realität und sich selbst zu verändern. Werden Sie zum Erfolgsmenschen. Sie können die Suggestion zusätzlich noch bestärken, wenn Sie sie niederschreiben. Am besten nehmen Sie dazu einen Stift und Papier und schreiben jede Suggestion 20 Mal auf. Auch das hat einen starken Effekt auf Ihr Unterbewusstsein. Sie formulieren die Suggestion nicht nur in Gedanken, sondern schreiben diese nieder. Dadurch werden andere Nervenbahnen angeregt und andere Muskeln kommen dabei ins Spiel. Sie sehen diese Suggestionen dann auch mit Ihrem visuellen Sinn, den Augen. So wird Ihr Unterbewusstsein vielfach angeregt. Lassen Sie diese unbändige Möglichkeit, sich selbst und Ihre Welt zu verändern, nicht einfach außer Acht, sondern wenden Sie die Autosuggestion beharrlich an. Machen Sie es sich zur Gewohnheit und geben Sie der Autosuggestion einen festen Platz in Ihrem Leben. Fangen Sie mit den Suggestionen an, die ich Ihnen vorgegeben habe, um sich aus Ihrer Lage zu befreien. Diese Technik erlaubt Ihnen praktisch, alles sein zu können, was Sie sich wünschen. Sie können alles mit der Autosuggestion verändern. Sie haben die Möglichkeit, unerwünschte Verhaltensweisen, Ängste und Gewohnheiten einfach mit den entsprechenden Affirmationen abzulegen. Die Suggestion ist die mächtigste Technik, die jemals entdeckt wurde! Sie gibt Ihnen die Kontrolle über Ihren Geist und erlaubt es Ihnen, alles das zu sein, was Sie möchten. Der einzige Preis, den Sie für ein solch tolles Werkzeug zahlen müssen, ist Beharrlichkeit. Die Autosuggestion lebt von der Wiederholung. Vielleicht merken Sie nach zwei Wochen noch nichts von den Wirkungen, aber wenn Sie zwei Jahre in die Zukunft gehen könnten, dann würden Sie die ganze Macht dieser Beeinflussungstechnik selbst erkennen. Sie können Ihr Leben ändern, ganz einfach. Jetzt gleich. Bringen Sie die nötige Disziplin auf, um die Affirmationen aus diesem Buch täglich zu wiederholen und Sie werden schon bald ein neues Leben haben. Ein Leben, in dem Sie bekommen, was Sie möchten. Nutzen Sie diese Kraft, denn der Wert dieser Information ist unbezahlbar.

Hypnose

Ich will Ihnen jetzt noch eine hoch wirksame Möglichkeit aufzeigen, wie Sie Ihr Unterbewusstsein beeinflussen können, damit es Ihre Wünsche und Träume verwirklicht. Das Problem bei allen Beeinflussungsmethoden ist, dass unsere Suggestionen häufig durch unser Bewusstsein abgeschwächt werden. Unser Bewusstsein fungiert als eine Art Wächter zum Unterbewusstsein und lässt dort nur die Gedanken durch, die Ihrem Glaubenssystem entsprechen. Wenn jemand zu Ihnen sagen würde „Du bist dumm", dann würden Sie sofort denken, „das stimmt nicht". Damit geben Sie sich eine Gegensuggestion und die Aussage Ihres Gesprächspartners wird als „unwahr" gekennzeichnet. Somit hat diese Aussage keine weitere Macht über Sie. Wenn Sie aber selbst glauben würden, dumm zu sein, sähe die Sache ein wenig anders aus. Die Aussage, „du bist dumm", würde in etwa mit Ihrem Glaubenssystem übereinstimmen und Sie würden diese Aussage dann als „wahr" akzeptieren. Das hätte zur Folge, dass Ihr Bewusstsein den Weg frei machen würde zum Unterbewusstsein, das dann diese Aussage als Suggestion aufnehmen würde. Das hätte zur Folge, dass dieser Zustand tatsächlich eintreten würde, was wiederum Ihr Glaubenssystem bestärken würde. Somit haben wir mal wieder einen schönen Teufelskreis geschaffen. Denn wenn wir uns dumm verhalten, dauert es bestimmt nicht lange, bis uns das mal wieder jemand sagen wird. Auch ständige Wiederholung einer Aussage wird von Ihrem Unterbewusstsein als Suggestion akzeptiert. Wenn jemand Ihnen dauernd vorwirft, dumm zu sein, ist es nur eine Frage der Zeit, bis Sie sich tatsächlich dumm fühlen. Deshalb rate ich vor allen Eltern immer, niemals negative Aussagen gegenüber Kindern zu machen. Sehr häufig sind spätere Probleme auf negative Aussagen in der Kindheit zurückzuführen. Nicht selten sind negative Suggestionen auch an schlechten schulischen Leistungen schuld. Formulieren Sie daher alles in einer positiven Art und Weise. Dadurch nutzen Sie die Macht der Suggestion in einer positiven Weise. Durch die Autosuggestion haben Sie ja auch gelernt wie Sie die Macht der Suggestion in positiver Weise für sich selbst nutzen können. Aber stellen Sie sich vor, es gäbe eine Möglichkeit, Suggestionen ins Unterbewusstsein zu schleusen, die nicht vom Bewusstsein abgeschwächt werden würden, sehen Sie die Möglichkeiten? Es wäre unnötig, sich der ständigen Wiederholung auszusetzen und Ihr Glaubenssystem zu bezwingen. Alle Suggestionen würden dann ungefiltert in Ihr Unterbewusstsein gelangen und es würde dann alles ohne zu fragen so ausführen, wie es in Suggestion gewünscht ist, sofort! Eine solche Möglichkeit gibt es, nämlich die Hypnose. Hypnose ist ein sehr starkes Werkzeug, um Ihr Unterbewusstsein zu beeinflussen. Es ist z.B. damit möglich, starke Raucher in ca. 30 Minuten dazu zu bringen, mit Ihrer Sucht zu brechen. Oder jemandem, der an einer starken Phobie leidet, in weniger als einer Stunde zu helfen. In herkömmlichen Therapieformen können dafür Monate, sogar Jahre, nötig sein. Die Macht der Hypnose kommt einfach dadurch, dass das Unterbewusstsein einfach ohne Umwege sofort umprogrammiert werden kann. Fertig! Ahnen Sie schon die Möglichkeiten, die Sie haben werden? Ich möchte Ihnen gerne diese Technik erläutern, und zwar so, dass Sie die Möglichkeit haben, diese bei sich selbst anzuwenden.

Was ist Hypnose eigentlich? Das werden Sie sich wahrscheinlich schon mal gefragt haben. Vielleicht wissen Sie, dass es ein besonderer Bewusstseinszustand ist, der dem Schlaf sehr ähnelt. Stimmt! Aber ich werde es Ihnen noch ein wenig genauer erklären. Hypnose ist ein künstlich hervorgerufener Trancezustand. Und was Trance ist, habe ich bereits schon mal kurz anhand des Beispiels mit der Fahrt auf der Autobahn angedeutet. Trance ist ein Zustand, in dem Sie vollkommen auf eine bestimmte Sache fokussiert sind. Das kann nach innen oder nach außen sein. Wenn Sie z.B. auf der Autobahn fahren, könnte es passieren, dass Sie aufgrund des Radios in eine Trance geraten. Sie hören und stellen Sich dabei innerlich Bilder vor. Ihr Bewusstsein tritt dabei zurück und sie versinken immer mehr in sich selbst. Eine andere Situation ist es z.B., wenn Sie ein Buch lesen und total darin versunken sind. Auch dann sind Sie in Trance. In Trance kann es passieren, dass sie, wenn Sie jemand anspricht, das überhaupt nicht wahrnehmen. Häufig kann man das bei Menschen beobachten, die vor dem Fernseher sitzen und vertieft in einem Film sind. Sie sind dann auch in Trance. Trancezustände treten andauernd auf. Wenn ich Sie jetzt frage, wie war der letzte Urlaub, und was gab es da zu essen, dann würden Sie für einen Augenblick Ihre Aufmerksamkeit nach innen richten, um nach den entsprechenden Erinnerungen zu suchen. In diesem kurzen Augenblick verlieren Sie für einen ganz kurzen Moment Ihre äußere Wahrnehmung. Ihr Bewusstsein ist nach innen gerichtet. Es gibt kurze oder auch lang anhaltende Trancezustände. Wir sind sogar die meiste Zeit des Tages über in irgendwelchen Trancezuständen, wenn wir z.B. eine automatische Handlung durchführen, oder wenn wir mit Vorstellungen beschäftigt sind. Sie sind aber mindestens zwei Mal am Tag in einem Trancezustand, morgens, kurz bevor Sie aufwachen, und abends, unmittelbar bevor Sie einschlafen. Ihr Bewusstsein ist noch nicht ganz ausgeschaltet, sondern in einem Dämmerzustand. Das Besondere und für uns Nützliche an diesem Dämmerzustand ist, dass das Bewusstsein in diesem Moment fast ausgeschaltet ist, ähnlich wie es beim Schlafen der Fall ist. Das Unterbewusstsein hingegen ist besonders hervorgetreten. In diesem Zustand ist es sehr empfänglich für Suggestionen. Diese Suggestionen werden dann auch nicht durch unser kritisches Denken gestört und gelangen ungefiltert ins Unterbewusstsein. Deshalb kann ich Ihnen auch nicht empfehlen, sich morgens von einem Radiowecker wach machen zu lassen. Denn kurz bevor Sie aufwachen, sind Sie in einem hoch für Suggestionen empfänglichen Trancezustand. Wenn jetzt in diesem Moment im Radio ein Werbespot läuft, gelangt dieser ungefiltert in Ihr Unterbewusstsein. Was dieser Werbespott dann anrichtet, brauch ich Ihnen ja nicht erzählen. Ein gutes Beispiel für einen solchen Effekt ist der Ohrwurm. Gerade, wenn Sie morgens, wenn das Bewusstsein noch nicht so aktiv ist, ein Lied im Radio hören, kann es passieren, dass sich daraus ein Ohrwurm entwickelt. Diese Melodie ist dann in Ihr Unterbewusstsein gerieselt und das Ergebnis davon ist, dass Sie nun ständig in Ihrem Geist diese Melodie hören und sogar nachsummen. Das ist auch der Grund, warum die Werbung die sogenannten Jingles verwendet. Am bekanntesten wird Ihnen vielleicht der Jingle von McDonalds sein. Dort hören Sie eine hübsche Melodie mit dem Refrain „Ich liebe es". Nun, bei allem, was Sie bis jetzt in diesem Buch lernen konnten, müssten Sie diese Gemeinheit an dieser Werbestrategie leicht erkennen können, nicht wahr? Der Jingle gelangt als Ohrwurm zusammen mit dem Refrain „ich liebe es" ins Unterbewusstsein und entfaltet dort seine Wirkung. Besonders schlimm wird es dann, wenn Sie diesen „Refrain" dann noch nachsingen. Sie betreiben dann Autosuggestion und es wird nicht lange dauern, bis Sie ein sehr warmes Gefühl für dieses Unternehmen entwickeln werden. Also am besten Finger weg von Radioweckern. Lassen Sie uns lieber diese Prinzipien zu unserem Vorteil verwenden. Machen wir lieber unser Unterbewusstsein glauben, dass wir uns lieben, an uns glauben und erfolgreich sind. Wenn wir das mit dem Wunsch zu handeln verbinden, kann das Ihnen nur Vorteile bringen. Hypnose ist also eine Technik, mit der wir einen Trancezustand künstlich hervorrufen können, um unser Unterbewusstsein zu beeinflussen. Das ist es im Grunde genommen. Der Vorteil daran ist, dass Suggestionen in Hypnose sehr genau und wirkungsvoll angenommen werden. Auch wenn wir die Suggestionen vergessen würden, so würden sie doch weiter wirken und unser Handeln beeinflussen. Ich zeige Ihnen jetzt eine Möglichkeit, wie Sie bei sich einen hypnotischen Zustand hervorrufen können, um sich selbst wirkungsvoll zu hypnotisieren. Hierbei handelt es sich nicht um eine Selbsthypnosetechnik, die zwar auch sehr hilfreich ist, aber nicht ganz unseren Anforderungen entspricht. Bei Selbsthypnose, müssen Sie sich ähnlich wie bei der Autosuggestion selbst Anweisungen geben und sich dabei stark konzentrieren. Das bedeutet, dass Ihr Bewusstsein nicht in den tiefen Dämmerzustand gerät, den wir für eine hochwirksame Beeinflussung haben möchten. Wenn Sie von jemand anderem hypnotisiert werden würden, könnten sie sich einfach tiefer fallen lassen und die Suggestionen würden dann leichter ins Unterbewusstsein gelangen können. Sagen Sie sich bitte jetzt nicht, mich kann man nicht hypnotisieren. Denn jeder Mensch, der in der Lage ist, zu schlafen, kann auch in Hypnose gehen. Sie tun es ohnehin andauernd. Glauben Sie bitte auch nicht, dass Sie zu intelligent dafür sind. Gerade intelligente Menschen haben es leicht, in Hypnose zu gehen, weil sie sich besser konzentrieren und Bilder vorstellen können als andere. Es gibt wirklich nur ganz wenige Menschen, die man nicht hypnotisieren kann. Das sind Menschen, die an einer Geisteskrankheit leiden oder andere schwere psychische Probleme haben. Sie brauchen auch keine Angst davor zu haben, dass Sie nicht mehr aufwachen werden. Denn erstens werden Sie aufwachen, zweitens, wenn nicht, dann würde sich der hypnotische Zustand ganz einfach in normalen gesunden Schlaf verwandeln. Ich habe Ihnen jetzt einen Text aufgeschrieben, der Sie in einen hypnotischen Zustand bringen wird. In dieser Hypnose erhalten Sie Suggestionen, dass Sie ab jetzt nur noch Erfolg haben werden und dabei an Reichtum zunehmen werden. Diesen Text sollten Sie sich auf einem Kassettenrecorder aufnehmen, und dann abspielen, um die ausgesprochenen Suggestionen zu hören. Sie können sich diesen Text auch von jemand anderem vorlesen lassen. Wenn all diese Möglichkeiten nicht für Sie in Betracht kommen, können Sie bei mir eine Hypnose-CD anfordern, die bereits fertig ist. Wenn Sie sich die Suggestionen selbst aufnehmen, lesen Sie den Text einfach in einem bestimmten Rhythmus auf monotone Weise ab und besprechen das Aufnahmegerät. Achten Sie dabei darauf, wenn Sie Worte wie müde oder Schwere sagen, dass diese auch so klingen. Müde sollte sich also müde anhören, und das Wort Schwere muss sich schwer anhören. Lassen Sie diese Übung bitte nur aus, wenn Sie schwanger sind oder Sie an psychischen Störungen leiden. Ansonsten ist diese Hypnose völlig ungefährlich und wird Sie in positiver Weise verändern. Sprechen Sie also folgenden Text auf Band oder lassen Sie sich diesen von einer Person Ihres Vertrauens vorlesen. Bringen Sie sich vorher in einen entspannten Zustand. Legen Sie sich einfach für ca. fünf Minuten hin und entspannen Sie sich. Starten Sie dann die Wiedergabe des Bandes und befolgen sie die Anweisungen. Es macht überhaupt nichts, wenn Sie sich am Ende dieser Hypnose nicht mehr an das Gesprochene erinnern können oder wenn Sie meinen, nicht alles mitbekommen zu haben. Die folgende Einleitung ist eine der wirkungsvollsten Hypnoseeinleitungen, die es gibt. Ich entwickelte diese Induktion speziell dazu, um sie sich selbst auf Tonband zu sprechen. Aufgrund der Unterschiede bei jedem Menschen musste sie besonders geschickt formuliert werden, um allen gerecht zu werden. Wenn Sie sich näher mit dem Thema Hypnose beschäftigen möchten, empfehle ich Ihnen auch das oben genannte Buch von Leslie M. LeCron. Nach der Einleitung folgen einige Suggestionen, die Ihr

Unterbewusstsein veranlassen wird, Veränderungen bei Ihnen durchzuführen. Dabei werden Fähigkeiten bei Ihnen installiert, die bei sehr erfolgreichen Menschen zu finden sind. Nun aber zur Hypnose:

Hypnoseeinleitung:

Entspanne dich jetzt vollkommen. Lasse alles einfach ganz Locker. Atme tief ein und wieder aus, und entspanne dich.

Such dir jetzt einen Punkt oberhalb deiner Augen. Irgendeinen Punkt oberhalb deiner Augen, und konzentriere dich nun intensiv auf diesen Punkt, auf meine Stimme und auf diese schöne Musik. Konzentriere dich nun ganz genau auf den Punkt, konzentriere dich auf diesen Punkt, meine Stimme und diese Musik.

Und allmählich beginnen deine Augen leicht zu brennen. Ganz langsam beginnen deine Augen zu Brennen, und deine Augenlider werden zunehmend schwerer und schwerer. Und deine Augenmuskeln entspannen sich mehr und mehr.

Ich zähle jetzt ganz ruhig rückwärts. Ich zähle nun langsam rückwärts von 5-0, und bei 0 angekommen werden sich deine Augenlider schließen wollen. Spätestens bei 0 angelangt möchtest du deine Augen schließen.

5. schwerer und schwerer werden deine Augenlider und mehr und mehr brennen deine Augen. Schwerer und schwerer werden deine Augenlider und ziehen nach unten. Immer stärker wird das Brennen in deinen Augen.

4. Du konzentrierst dich ganz intensiv auf diesen Punkt, auf meine Stimme und diese schöne Musik. Und schwerer und schwerer werden deine Augenlider.

Immer schwerer wird ab jetzt auch dein ganzer Körper.

3. Immer müder und müder werden deine Augenlider und beginnen zu flattern. Schwer wie Blei sind deine Augenlider, und ziehen langsam nach unten. Spätestens bei 0 wirst du deine Augen schließen wollen.

2. Deine Augenmuskeln entspannen sich mehr und mehr, und deine Augenlider werden immer schwerer und schwerer. Immer stärker zieht es deine Augenlider nach unten.

1. Lasse deine Augen sich nun schließen. Erlaube es deinen Augen sich zu schließen. Halte deine Augen geschlossen. Halte nun deine Augen geschlossen. Schwer wie Blei sind deine Augenlider.

0. Deine Augen sind jetzt geschlossen, und du möchtest deine Augen geschlossen halten. Je mehr du versuchst, deine Augen zu öffnen, desto stärker zieht es deine Augenlider nach unten, und je mehr wirst du in diesen schönen Zustand der Entspannung sinken.

Konzentriere dich jetzt nur noch auf meine Stimme und auf diese wunderschöne Musik. Und du willst dass deine Augen geschlossen sind.

Und ruhig, ganz ruhig sinkst du nun in einen wunderbaren Zustand der vollkommenen Entspannung.

Entspanne deinen ganzen Körper.

Lockere alle deine Muskeln.

Lockere deine Bauchmuskeln

Lockere deine Brustmuskeln

Lockere deine Rückenmuskeln.

Lockere deine Schultern und Nackenmuskeln.

Entspanne deine Arme

Entspanne deine Beine und deine Füße bis in deine Zehenspitzen.

Konzentriere dich nur noch auf meine Stimme und diese Melodie. Dein ganzer Körper ist nun vollkommen Entspannt. Vollkommen entspannt ist dein ganzer Körper und du konzentrierst dich nur noch auf meine Stimme und diese schöne Musik. Und langsam ganz langsam sinkst du immer tiefer in einen wunderbaren Zustand der absoluten Entspannung. In einen angenehmen wunderbaren Zustand der vollkommenen Entspannung. Immer tiefer und tiefer sinkst du in einen wunderbaren Zustand der Müdigkeit und Schwere. Du bist ganz gelassen und entspannt.

Versetze dich nun im Geist vor einer kurzen Treppe mit 5 Stufen. Lasse uns zusammen die 5 Stufen dieser kurzen Treppe hinunter gehen. Ich zähle die Treppenstufen rückwärts von 5 bis 0, und mit jedem Wort, das ich dir sage, sinkst du tiefer und tiefer in diesen wunderbaren, angenehmen Zustand der Müdigkeit und Schwere. Bei 0 angelangt ist auch dein Geist vollkommen entspannt, und hörst nur noch meine Stimme und diese Melodie.

5. Du stehst nun auf der obersten Stufe. Die oberste Stufe dieser Treppe ist rot. Und ganz genau siehst du auf dieser roten Stufe eine rote Paprika liegen. Ganz klar siehst du diese rote Paprika. Beginne nun deine Atmung zu kontrollieren. Du atmest tief, ruhig und gleichmäßig ein – und wieder aus. Du Atmest tief, ruhig und gleichmäßig ein – und wieder aus.

Und mit jedem Atemzug, mit jedem Takt der Musik und mit jedem Wort das ich dir sage, sinkst du immer tiefer und tiefer in diesen wunderbaren tiefen wohltuenden Schlaf.

Mit jedem Atemzug, mit jedem Takt der Musik und mit jedem Wort das ich dir sage, sinkst du immer tiefer und tiefer in diesen wunderbaren tiefen wohltuenden Schlaf.

4. Steige nun hinab zur vierten Stufe. Die vierte Stufe ist Gelb. Und ganz genau siehst du auf dieser gelben Stufe eine gelbe Zitrone liegen. Ganz klar siehst du die gelbe Zitrone. Und du lässt deine Gedanken jetzt einfach los. Du lässt deine Gedanken einfach nur noch kommen – und wieder gehen. Lasse deine Gedanken jetzt einfach los. Du lässt deine Gedanken einfach nur noch kommen und wieder gehen. Wie Wolken die am Blauen Himmel einfach treiben. Du hältst nun keinen Gedanken mehr fest, und konzentrierst dich nur noch auf meine Stimme und diese wunderschöne Musik.

Immer tiefer und tiefer sinkst du in diesen wunderbaren tiefen wohltuenden Schlaf.

3. Du steigst jetzt hinab zur 3. Stufe. Die 3. Stufe ist grün. Grün wie der Wald oder ein Wiese. Dieses Grün gibt dir ein Gefühl

von Geborgenheit und Sicherheit. Du spürst ganz deutlich unter deinen Füßen die schöne saftige Wiese, und riechst dabei das frische Gras. Angenehm schwerer und schwerer wird dein ganzer Körper. Schwerer und Schwerer werden deine Arme. Schwerer und schwerer werden deine Beine. Du fühlst nun diese angenehme Schwere, die deinen ganzen Körper erfüllen wird. Du fühlst nun diese angenehme Schwere, die deinen ganzen Körper erfüllt und gibst dich ganz dieser schönen, angenehmen Schwere hin. Und du fühlst dich immer wohler und wohler.

Und mit jedem Atemzug, mit jedem Takt der Musik, und mit jedem Wort das ich dir sage, sinkst du immer tiefer und tiefer in diesen wunderbaren Zustand der Müdigkeit und Schwere, in diesen wunderbaren tiefen wohltuenden Schlaf.

2. Du steigst jetzt hinab zur 2. Stufe. Die 2. Stufe ist Orange. Orange wie die untergehende Sonne. Und ganz deutlich kannst du die Wärme der Sonne auf deiner Haut spüren. Du spürst ganz deutlich die angenehme Wärme der Sonne auf dein Gesicht, deinen Armen, deinen Beinen. Du spürst deutlich eine angenehme Wärme in deinen ganzen Körper. Und du spüre diese enorme Energie die Wärme, die deinen Körper durchströmt es ist deine Energie.

Du fühlst dich wohl, und alle Geräusche, Licht oder Berührungen sind dir vollkommen Gleichgültig. Es sei denn ich kündige es vorher an. Alle Störungen sind dir vollkommen Gleichgültig. Du hörst nur noch auf meine Stimme und diese wunderschöne Musik.

Und mit jedem Atemzug, mit jedem Takt der Musik und mit jedem Wort das ich dir sage, sinkst du immer tiefer und tiefer in diesen tiefen wohltuenden Schlaf.

1. Du steigst jetzt hinab zur letzen Stufe. Die letzte Stufe ist Blau, blau wie der Himmel, und ganz klar kannst du nun den blauen Himmel sehen und seine Weite wahrnehmen. Du kannst nun den angenehmen Wind spüren, wie er über dein Gesicht und deinen Körper streicht. Die Luft ist ganz klar. Und du spürst das angenehm kühle Lüftchen auf deiner Stirn.

Und mit jedem Atemzug mit jedem Takt dieser Musik und mit jedem Wort das ich dir sage, sinkst du immer tiefer und tiefer in diesen wunderbaren Zustand der vollkommenen Müdigkeit und schwere, in einen tiefen wohltuenden Schlaf.

0. Steige jetzt hinab auf den Boden der Treppe. Und du schläfst tief und fest, und hörst nur noch meine Stimme und die wunderschöne Musik. Der Raum in dem du dich jetzt befindest ist ganz weiß. Der Raum ist mit einem hellen weißen Nebel gefüllt. Um dich herum ist alles weiß. Du bist umgeben von einen wunderschönen Weiß. Du fühlst dich wohl, und alle Geräusche, Licht oder Berührungen sind dir vollkommen Gleichgültig.

Dein Unterbewusstsein öffnet sich nun ganz weit. Und alles was ich sage das ist die Wahrheit. Alles was ich sage prägt sich ganz fest in deinem Unterbewusstsein ein. Alles was ich sage wird ab sofort genau so geschehen wie ich es sage. Du weißt das alles war ich dir sage wahr ist, und du meine Worte genau befolgen willst. Alles was ich zu dir sage ist für dich wie dein eigener Wunsch.

Und mit jedem Atemzug, mit jedem Takt dieser Melodie und mit jedem Wort das ich dir sage, sinkst du immer tiefer und tiefer in diesen wunderbaren Zustand der vollkommenen Entspannung, in diesen tiefen wohltuenden Schlaf.

Immer tiefer und tiefer.

In diesen wohltuenden Schlaf, erholt sich dein ganzen Nervensystem. Dein Blut kreist ruhig und gleichmäßig durch deinen ganzen Körper, und du fühlst dich wohler und wohler. Und alles was ich dir sage, willst du genau so ausführen, wie ich es dir sage.

Du schläfst tief und fest, fühlst dich ganz wohl, hörst nur meine Stimme und diese Melodie. Tiefe Freude über dieses Wohlbefinden empfindest du nun in deinen ganzen Körper. Und immer mehr spürst du diese wunderschöne Entspannung, die deinen ganzen Körper erfüllt. Und immer tiefer und tiefer wird diese Entspannung, mit jedem Atemzug, mit jedem Takt dieser Musik, und mit jedem Wort das ich dir sage. Du schläfst tief und fest, fühlst dich sehr wohl und hörst nur noch diese Musik und meine Stimme. Tiefe Freude über dieses Wohlbefinden empfindest du nun in deinen ganzen Körper. Und immer mehr spürst du diese wunderschöne Entspannung, die deinen ganzen Körper erfüllt. Und immer tiefer und tiefer wird diese Entspannung, mit jedem Atemzug, mit jedem Takt dieser Musik, und mit jedem Wort das ich dir sage. Du schläfst tief und fest, fühlst dich sehr wohl und hörst nur noch diese Musik und meine Stimme.

Wirkungshypnose.

Aufwecktechnik:

Alles was ich dir gesagt habe hat sich unauslöschlich in deinen Unterbewusstsein eingeprägt und ist ab jetzt ein Teil von dir. Und du wirst danach handeln. Alles wird genau so geschehen wie ich es gesagt habe.

Dein Unterbewusstsein erhält nun den strikten Auftrag, Dich mit Reichtum zu versorgen. Die unbekannten Kräfte Deines Geistes ziehen ab jetzt den Überfluss in Dein Leben. Der Geldstrom wird nun auf Dich gerichtet. Du ziehst das Geld auf magische Weise an. Alles Geld, das Du ausgibst, kehrt auf wundersame Weise wieder vermehrt zu Dir zurück.

Reichtum und Erfolg fließt Dir nun aus unversiegbaren Quellen im Überfluss zu. Du wirst mit jedem Tag in jeder Beziehung immer reicher und reicher. Die unbekannten Kräfte Deines Geistes ziehen ab jetzt den Überfluss in dein Leben. Der Geldstrom wird nun auf dich gerichtet. Du ziehst das Geld auf magische Weise an. Alles Geld, das Du ausgibst, kehrt auf wundersame Weise wieder vermehrt zu Dir zurück.

Es ist völlig gleichgültig, was Du tust, Du wirst ab jetzt mit jedem Tag in jeder Beziehung reicher und reicher. Es geht Dir immer besser und besser. Vollkommen egal, was du tust. Du ziehst den Reichtum an wie ein Magnet das Metall.

Dein Unterbewusstsein knüpft jetzt die nötigen Nervenbahnen, um Dich zu einem Erfolgsmenschen zu machen. Dadurch wirst Du mit Eigenschaften wie Beharrlichkeit, Fleiß und schöpferisches Denken ausgestattet. Verlass Dich voll und ganz auf Dein Unterbewusstsein. Es wird alles Nötige tun. Du veränderst Dich und neue Neuronen und Nervenbahnen entstehen, die Dich zu einem Erfolgsmenschen machen.

Die unbekannten Kräfte Deines Geistes ziehen ab jetzt den Überfluss in Dein Leben. Der Geldstrom wird nun auf Dich gerichtet. Du ziehst das Geld auf magische Weise an. Alles Geld, das du ausgibst, kehrt auf wundersame Weise wieder vermehrt zu Dir zurück.

Reichtum und Erfolg fließt Dir nun aus unversiegbaren Quellen im Überfluss zu.

Es ist völlig egal, was Du tust, Du wirst ab jetzt mit jedem Tag in jeder Beziehung reicher und reicher. Es geht dir immer besser und besser. Vollkommen egal, was Du tust. Du ziehst den Reichtum an wie ein Magnet das Metall.

Dein Unterbewusstsein knüpft jetzt die nötigen Nervenbahnen, um Dich zu einem Erfolgsmenschen zu machen. Dadurch wirst Du mit Eigenschaften wie Beharrlichkeit, Fleiß und schöpferisches Denken ausgestattet. Verlass Dich voll und ganz auf Dein Unterbewusstsein, es wird alles Nötige tun. Du veränderst Dich und neue Neuronen und Nervenbahnen entstehen, die Dich zu einem Erfolgsmenschen machen.

Dein Unterbewusstsein wird Dich ab jetzt mit Geld und allem, was Du brauchst, versorgen. Deine Bankkonten werden Sich reichlich füllen und Du wirst mit jedem Tag in jeder Beziehung reicher und reicher.

Du wirst alle meine Suggestionen voll und ganz akzeptieren, denn sie entsprechen Deinem eigenen Wunsch. Deshalb speichern sich meine Suggestionen in Deinem Unterbewusstsein ab und wirken von dort aus auch nach dieser Hypnose weiter. Meine Suggestionen dringen tief in Dein Unterbewusstsein und arbeiten Tag und Nacht für Dich. Dein Unterbewusstsein arbeitet für Dich immer, ob Du wach bist oder schläfst. Du wirst mit jedem Tag in jeder Beziehung immer reicher und reicher. Und in Zukunft wirst Du ganz genau immer dann handeln, wenn Du handeln sollst.

Ab jetzt wird sich Dein Selbst dauerhaft verändern. Dein Unterbewusstsein öffnet sich jetzt ganz weit und ist bereit, meine Suggestionen auf zu saugen, wie ein trockener Schwamm, der sich mit Wasser vollsaugt. Du wirst alle meine Suggestionen voll und ganz akzeptieren, denn sie entsprechen Deinem eigenen Wunsch. Deshalb speichern sich meine Suggestionen in Deinem Unterbewusstsein ab und wirken von dort aus auch nach dieser Hypnose weiter.

Gleich werde ich bis drei zählen. Dann sind Deine Arme und Beine wieder locker, leicht und frei beweglich. Du öffnest dann Deine Augen und fühlst Dich ganz frisch und wohl. Und wenn Du das nächste Mal diese Hypnose hörst, sinkst du noch viel schneller und viel tiefer in diesen wunderbaren, angenehmen Schlaf.
Eins, zwei, drei. Augen auf! Arme und Beine sind wieder ganz locker und frei beweglich. Du bist voller Kraft und Energie und fühlst Dich ganz wohl, Du fühlst dich ganz frisch und wohl.

Ende

Wie schon erwähnt, nehmen Sie diesen Text ganz einfach auf Tonband auf und hören Sie sich anschließend die Aufnahme an. Sie können sich den Text auch vorlesen lassen, wenn Sie es wünschen. Wenn Sie selbst das Tonband besprechen, achten Sie darauf, den Text langsam und monoton aufzusprechen. Beachten Sie auch, dass Sie ein wenig Zeit zwischen manchen Suggestionen lassen müssen. Bei den Suggestionen für Schwere braucht es z.B. einen kleinen Moment, bis sich das schwere Gefühl einstellt. Wenn Sie ganz sicher gehen möchten, können Sie, wie gesagt, auch eine Hypnose-CD, die von mir besprochen wurde, bestellen. Die Adresse finden Sie am Ende des Buches.

Diese Aufnahme sollten Sie sich in den ersten zwei bis drei Wochen täglich anhören. Danach reicht es, wenn Sie sich die

Hypnose zwei Mal in der Woche anzuhören. Wenn Sie so verfahren, werden sich die Suggestionen mit hoher Sicherheit sehr intensiv ins Unterbewusstsein einprägen und von dort kontinuierlich aufgefrischt ihre volle Wirkung entfalten. Sie werden im Laufe der Zeit feststellen, dass Sie sich sehr verändern werden. Seien Sie sich darüber im Klaren. Dieses Buch ist nichts für Leute, die keine Veränderungen wollen. Ich denke, Sie wollen Veränderungen, sonst hätten Sie dieses Buch bestimmt nicht bis zu diesem Punkt gelesen, nicht wahr? Sie müssen sich darüber im Klaren sein, dass Sie Ihr Unterbewusstsein in erheblichem Maße beeinflussen, durch Imagination, Autosuggestion und sogar durch Hypnose. Diese gezielte positive Beeinflussung wird ihre Früchte tragen. Sie werden sich verändern. Seien Sie darauf gefasst, dass Menschen, die Sie kennen, es Ihnen auch bald sagen werden. Sie werden selbstbewusster, intuitiver, charismatischer, zielstrebiger, beharrlicher und noch viel mehr. All das wird Ihr Unterbewusstsein durch einen persönlichen Veränderungsprozess hervorbringen. Aber nicht nur durch Sie, sondern auch durch andere Menschen. Durch die Schwingungen, die Ihr Unterbewusstsein aussendet, werden Menschen mit gleicher Einstellung angezogen. Die richtigen Menschen werden sich von Ihnen intuitiv angezogen fühlen und Ihnen vielleicht die richtigen Türen öffnen. Zusätzlich ist Ihr Unterbewusstsein in der Lage, die Wirkungen Ihrer Handlungen in gewisser Weise zu berechnen. Das heißt, Sie werden automatisch das Richtige tun, glauben Sie es! Laut der Chaostheorie von Edward N. Lorenz kann der Schlag eines Schmetterlingflügels in Tokio einen Tornado in Florida auslösen. Laut Berechnungen von verschiedenen Super-Computern passieren solche Dinge. Alles hängt zusammen und jedes Ereignis ist ein Glied in einer Kausalkette. Ihr Unterbewusstsein vermag es, solche Dinge zu Ihren Gunsten zu beeinflussen. Wenn Sie Ihr Unterbewusstsein beharrlich auf diese im Buch beschriebene Art und Weise beeinflussen, lösen Sie alleine durch Ihr neues Verhalten unzählige Kausalketten aus, die Sie Ihrem Ziel näher bringen werden. Sie können darauf vertrauen. Ihr Unterbewusstsein kann gar nicht anders. Es wird Ihre Wünsche verwirklichen. Es ist an geistige und natürliche Gesetze gebunden. Denken Sie daran, dass alleine jede bildhafte Vorstellung sich verwirklichen möchte. Dieses Wissen ist ungeheuer wertvoll. Es ist der Schlüssel aus Ihrer schlechten Lage zu einem besseren Leben.

Sie haben in diesem Kapitel grundlegendes Wissen über das Unterbewusstsein vermittelt bekommen und sind sich bewusst, wie wichtig dieses Wissen ist. Sie haben hochwirksame Methoden erlernt, Ihr Unterbewusstsein so zu beeinflussen, dass sie bekommen werden, was Sie sich vorstellen. Sie können alles verwirklichen, woran Sie glauben. Aber etwas gibt es noch, was Sie über Ihr Unterbewusstsein noch wissen müssen. Schützen Sie es! Wie Sie ja bereits wissen, registriert es alles, was Sie den ganzen Tag lang so machen. Und alles, was Ihr Unterbewusstsein registriert, beeinflusst es auch. Das heißt, Sie müssen Ihr Unterbewusstsein schützen. Achten Sie in Zukunft darauf, was Sie sich im Fernsehen so anschauen, oder welche Literatur Sie lesen. Passen Sie auf, mit welchen Menschen Sie sich umgeben. Schützen Sie Ihr Unterbewusstsein vor schlechten Einflüssen. Vermeiden Sie es, Filme oder Fernsehsendungen zu sehen, die schlechte Gefühle und Zweifel in Ihnen wecken und von Armut oder Verzweiflung handeln. Wenn es Ihnen besser dabei geht, verzichten Sie auch auf Nachrichten. Lesen Sie dann lieber Zeitung und lesen nur das, was Sie auch wissen wollen. Menschen mit Depressionen empfehle ich, einfach keine Nachrichten mehr zu schauen. Selbst ich verzichte morgens bewusst darauf. Wenn der Tag schon mit Naturkatastrophen und Krieg beginnt, dann brauchen wir uns nicht wundern, wenn wir deprimiert werden. Halten Sie sich von Menschen fern, die immer alles negativ sehen. Diese Menschen sind meist sehr daran interessiert, dass es Ihnen auch nicht besser geht als ihnen selbst. Außerdem beeinflussen uns andere Menschen sehr stark. Daher ist es wichtig, sich richtig beeinflussen zu lassen. Pflegen Sie daher lieber Kontakte mit Menschen, die Ziele in Ihrem Leben haben. Bestärken Sie solche Menschen. Erzählen Sie pessimistischen Menschen auch nichts von Ihren Plänen, dann fangen sie nur an, auf Fehler zu lauern, um sie Ihnen dann vorzuhalten. Reden Sie außerdem niemals negativ über sich. Verzichten Sie auf Floskeln wie „ich kann nicht…", „unmöglich", „ich komme aus einer zerrütteten Familie" oder sogar „ich habe nichts im Kopf". Verzichten Sie vor allem darauf, negativ über Ihre finanzielle Situation zu sprechen wie „ich habe kein Geld", „das kann ich mir nicht leisten" oder „ich kann meine Rechnungen nicht bezahlen". Alle diese Aussagen sind nicht nur Kommunikation, sondern auch Autosuggestion. Alles, was Sie sagen, wird von Ihrem Unterbewusstsein wahrgenommen und es wird anfangen, diese Aussagen zu verwirklichen, wenn Sie solche Sprüche oft wiederholen. Außerdem schwächen oder neutralisieren Sie zusätzlich die Wirkung der Affirmationen und der Hypnose. Denken Sie daran, Ihr Unterbewusstsein wird ebenso Negatives verwirklichen wie Positives. Es ist vollkommen neutral und bewertet nicht. Also, schützen Sie sich vor negativen Suggestionen und Beeinflussungsversuchen. Halten Sie sich fern von Sachen, die in Ihnen ein unbehagliches Gefühl und böse Vorstellungen erzeugen. Sprechen Sie nur gut über sich und Ihr Geld. Sagen Sie anstatt „ich habe Schulden" lieber „ich bezahle Geld zurück". Achten Sie auf Ihre Sprache und wählen Sie sich Ihren Freunden gegenüber sorgfältig aus. Wenn Sie diese Ratschläge beherzigen, tun Sie damit sehr viel für sich. Da dieses Kapitel über das Unterbewusstsein sehr umfangreich war, werde ich für Sie gerne das Wichtigste noch mal zusammenfassen. Dann haben Sie schon zwei fundamentale Kräfte harmonisiert und damit ein ungeheures Potential entwickelt. Und ich wette darauf, dass Sie schon gar nicht mehr so unzuversichtlich sind, stimmt´s? Sie ahnen bereits, welche Macht Sie schon besitzen können, die Sie durch dieses Wissen erhalten, richtig? Dann lesen Sie weiter. Denn eine Kraft fehlt uns noch. Sie werden sehen, erst wenn alle drei Kräfte mobilisiert sind und harmonisch zusammenarbeiten, dann wird Sie nichts mehr aufhalten. Denn häufig ist es so, dass manche Menschen ahnen, was sie tun müssen und handeln sogar unbewusst nach einigen wichtigen Prinzipien. Aber den großen Durchbruch schaffen sie nicht, weil etwas noch fehlt! Wir können keine Diät machen, wenn wir nicht an unseren Erfolg glauben. Wir können unser Unterbewusstsein nicht beeinflussen, wenn wir es nicht mit unserem bewussten Geist fassen können. Außerdem könnten wir gar nicht entscheiden, was wir wollten. Aber genau so können wir keine Reaktionen erwarten, wenn wir keine Aktionen durchführen. Wir können nicht ernten, wenn wir nichts gesät haben. Wir brauchen alle drei Kräfte, um Erfolg zu haben. Und damit kommen wir im nächsten Kapitel zur dritten Kraft: Die Handlung.

Zusammenfassung

1. **Neben dem Bewusstsein gibt es das Unterbewusstsein. Wenn Sie Ihren Geist mit einem Eisberg vergleichen, der aus dem Wasser ragt, dann macht Ihr Bewusstsein nur 10 Prozent des Eisberges aus. Die restlichen 90 Prozent liegen unter dem Wasser und stellen Ihr Unterbewusstsein dar.**

2. **Die Dualität des Geistes spiegelt sich auch im Organismus wieder. Im Körper gibt es z.B. zwei verschiedene Nervensysteme. Ihr Unterbewusstsein steuert die gesamten unbewussten Vorgänge im menschlichen Körper.**

3. **Das Unterbewusstsein ist autonom und subjektiv. Es hat in erster Linie die Funktion, Ihr Leben zu erhalten. In zweiter Linie unterstützt es Sie, indem es Ihnen z.B. Arbeiten abnimmt und diese dann automatisch ausführt. So brauchen Sie nicht mehr zu überlegen, wie diese spezifische Arbeit ausgeführt wird.**

4. **Ihr Unterbewusstsein ist hochgradig beeinflussbar. Es lässt sich vergleichen mit einem großen Dienstleister oder persönlichen Sekretär. Es funktionier dabei nach folgenden universalen Regeln:**

   Jede bildhafte Vorstellung, die uns erfüllt, hat das Bestreben, sich zu verwirklichen.

   Wenn der Wille und der Glaube (Vorstellung)

einander feindlich gegenüberstehen, unterliegt immer ausnahmslos der Wille.

Das Gesetz von der das Gegenteil bewirkenden Anstrengung.

5. **Die wichtigste Technik, um Ihr Unterbewusstsein zu beeinflussen, ist der Glaube. Wenn Sie sagen, dass Sie etwas können oder es nicht können, dann haben Sie in beiden Fällen Recht. Alles das, was Sie glauben können, das können Sie auch erreichen.**

6. **Die Sprache des Unterbewusstseins ist das Bild. Gemäß dem Gesetz, dass sich jede lebhafte bildhafte Vorstellung verwirklichen will, sollten Sie sich ein klares Bild von Ihrem Wunsch oder Ziel machen. Prägen Sie Ihrem Unterbewusstsein das Bild so lebhaft wie möglich ein. Stellen Sie sich dabei auch die Töne, Gerüche und das, was Sie fühlen, vor. Laut der Relativitätstheorie von Albert Einstein sind diese Bilder genauso real wie die Wirklichkeit. Sie existieren nur auf einer anderen Ebene.**

7. **Worte sind formulierte, ausgesprochene Gedanken. Jeder Gedanke beeinflusst unser Unterbewusstsein. Gedanken werden zu Worten, Worte werden zu Taten. Taten werden zu Gewohnheiten und unsere Gewohnheiten sind unser Schicksal. Ihr Unterbewusstsein nimmt nicht nur fremde Suggestionen an, sondern auch Ihre eigenen. Wenden Sie die Autosuggestion an. Autosuggestion ist gezielte Selbstbeeinflussung und schafft es, physische und psychische Veränderungen**

hervorzubringen. Die Suggestion ist praktisch die Software für Ihr Gehirn. Sprechen Sie die Sätze von Seite 77 zweimal am Tag je 20 Mal. Ihr Unterbewusstsein wird darauf spürbar reagieren.

8. **Die stärkste und effektivste Methode, um das Unterbewusstsein zu beeinflussen, ist die Hypnose. Sprechen Sie den Hypnosetext in diesem Buch auf Tonband und hören Sie sich diese Hypnose selbst an. Hören Sie sich die Aufnahme die ersten zwei bis drei Wochen täglich an. Danach reicht es zweimal die Woche. Seien Sie auf Veränderungen gefasst. Sie werden zunehmend Eigenschaften annehmen von denen sehr oft Erfolgsmenschen geprägt sind.**

9. **Schützen Sie Ihr Unterbewusstsein in Zukunft vor negativen Einflüssen. Lesen Sie viel aufbauende Literatur. Halten Sie sich vor schwarzmalerischen Pessimisten fern. Reden Sie niemals schlecht über sich und Ihre Situation.**

10. **Ihr Unterbewusstsein wird sich durch die intensive Beeinflussung Ihrer Ziele wirksam verwirklichen. Sie selbst werden sich verändern und auf bestimmte Menschen anziehend wirken. Ebenso werden Sie auch auf manche Menschen positiv reagieren. Zusätzlich bin ich der Meinung, dass Ihr Unterbewusstsein in der Lage ist, Kausalitäten zu erkennen und bewusst zu lenken. Sie werden unbewusst bestimmte Kausalketten auslösen, die Ihnen von Nutzen sein werden. Dadurch werden sich bestimmte Zufälle in Ihrem Leben ereignen, die andere vielleicht einfach Glück nennen würden.**

Die dritte Kraft
Die Handlung

Das große Ziel des Lebens ist nicht Wissen, sondern Handeln.

Thomas Henry Huxley

Denn, was nützt einem alles Wissen der Welt, wenn Sie es nicht in die Tat umsetzen. Gar nichts. Wenn ein Gedanke keine Aktion erzeugt, ist er nicht länger mehr eine Ursache, sondern es ist nur ein Traum. Es heißt nicht umsonst aller Anfang ist schwer. Doch jede Weltreise fängt mit einem einfachen Schritt an. Und jedes Buch beginnt mit einem einzigen Buchstaben. Aber jeder Buchstabe und jeder Schritt sind absolut notwendig. Wenn Sie ein Haus bauen möchten, muss irgendwann einmal der erste Stein gelegt werden. Wir haben oft die Illusion, dass wir nicht handeln müssen, um unsere Wünsche erfüllt zu bekommen. Wir träumen oft vom großen Wohlstand und warten darauf, dass wir eine hübsche Summe im Lotto gewinnen. Viele sind der Illusion vom schnellen Geld und Wohlstand auf den Leim gegangen und sind auf windige Geschäfte hereingefallen. Oder Sie haben gierig in Aktien investiert, ohne sich vorher über Risiken zu informieren. Sicherlich mag es vorkommen, dass der eine oder andere im Lotto gewonnen hat. Ich würde auch nicht strikt verneinen, dass es Kräfte gibt, denen es möglich ist, Lottozahlen zu beeinflussen. Ich selbst gewann einmal eine rettende Summe auf diese Weise. Aber diese Ausnahmen sind nicht die Regel. Solche Hoffnungen sind sogar durchaus lähmend. Da wir ständig darauf warten, dass sich etwas von alleine ändert, versäumen wir es, selbst etwas zu verändern. Wenn Sie darauf warten, dass Ihnen ein gut bezahlter Job per Brief angeboten wird, werden Sie kaum auf die Idee kommen Bewerbungen zu schreiben. Wie Sie sehen, können uns falsche Hoffnungen lähmen. Das Gesetz aber ist ganz einfach. Ohne Aktion keine Reaktion! Keine Wirkung ohne Ursache. Das Erste was ich meinen Klienten weismachte, die mit dem Rauchen aufhören wollten war: „Um mit dem Rauchen aufzuhören, müssen Sie mit dem Rauchen aufhören." Immer wenn ich diesen Satz sagte, wurde ich groß angeschaut. Aber es ist so. Wenn wir nicht handeln, wird nichts passieren. Wenn wir nicht selber denken, so denken andere für uns. Und wenn Sie immer nur das Gleiche tun, können Sie auch keine Veränderungen erwarten. Ich möchte Ihnen auf keinen Fall die Hoffnungen rauben, die ich Ihnen vielleicht gemacht habe. Aber um alle drei Kräfte in Einklang zu bringen und um die Wirkung zu erzielen, müssen Sie handeln. Sehen Sie, wenn Sie dieses Buch bis jetzt gelesen haben, aber noch nichts umgesetzt haben, wird auch nichts weiter passieren. Es ist wichtig, dass Sie handeln. Nutzen Sie schon die Autosuggestion? Wenn nicht, fangen Sie bitte damit an. Denn meine Hoffnung ist, dass dieses Buch Ihnen hilft. Und aus eigener Erfahrung weiß ich, dass mir mein „innerer Schweinehund" schon oft einen Strich durch die Rechnung gemacht hat. Deshalb musste ich jetzt ein wenig ermahnen. Sie haben ja bereits erkannt, dass unsere ganze Welt nach Gesetzen funktioniert. Alles hat eine bestimmte Ordnung. Auch das Chaos. Das fundamentalste Gesetz von allen ist das Kausalitätsprinzip. Das Gesetz von Ursache und Wirkung. Im weiteren Sinne können wir auch von Saat und Ernte sprechen. Wenn wir etwas erhalten wollen, müssen wir auch säen. Säen Sie Gedanken, und ernten Sie Taten. Säen Sie Taten, ernten Sie die Früchte.

Wenn Sie die beiden ersten Kräfte bereits kalibriert haben, werden Sie Impulse zum Handeln verspüren. Diese Impulse gehen direkt vom Unterbewusstsein aus. Ich sagte ja bereits, dass Sie wahrscheinlich anfangen, sich für bestimmte Dinge zu interessieren. Das sind Handlungsimpulse, die von Ihrem Unterbewusstsein ausgehen. Es ist dabei, Sie auf den richtigen Weg zu bringen. Es hat aber keinen Sinn, wenn Sie diesem Interesse nicht nachgehen. Genauso werden Ihnen bestimmte Ideen kommen, wenn Sie bisher alles so machen, wie es in diesem Buch steht. Sie müssen diese Idee auch in die Tat umsetzen. Stellen Sie sich vor, die Wright Brüder hätten ihrer Vision vom Fliegen nicht Taten folgen lassen. Entweder würden wir heute immer noch aufs Fliegen verzichten oder jemand anderes hätte das Flugzeug erfunden. Wir behandelten ja das Thema Gedankenblitze und Idee bereits. Dadurch, dass Sie Ihr Unterbewusstsein jetzt auf eine bestimmte Art stimulieren, wird es sehr wahrscheinlich anfangen, daran zu arbeiten, Ihnen bestimmte Wege in Form von Gedanken und Ideen zu präsentieren. Sehr oft geschieht das in Tagträumen. Wenn so etwas geschieht, ist es etwas sehr Positives. Sie sollten bestimmte Ideen, die Sie haben, dann sofort aufschreiben. Die Gedanken haben nämlich die Heimtücke, genauso schnell wieder zu verschwinden, wie sie gekommen sind. Meistens erhalten Sie sogar mehrere Vorschläge von Ihrem Unterbewusstsein, und dann haben Sie die Wahl, was Sie tun oder nicht. Aber Sie müssen etwas tun. Denn wenn Sie nichts tun, ist es damit vergleichbar, eine Bestellung nicht anzunehmen. Nehmen wir an, Sie bestellen im Versandhandel etwas. Dann kommt meistens der Paketdienst und schellt bei Ihnen an. Sie öffnen Ihm aber nicht, hätten aber trotzdem gerne das Paket. Nun gut, denkt er und legt eine Benachrichtigungskarte in den Briefkasten mit der Bitte, sich beim Transportunternehmen zu melden. Doch Sie tun es nicht. Anschließend rufen Sie beim Versandhandel an und beschweren sich darüber, dass Sie die Lieferung nicht erhalten haben. Sie werden mir zustimmen, dass ein solches Verhalten in der Tat sonderbar ist, nicht wahr? Genauso aber ist es, wenn

Sie den Impulsen Ihres unbewussten Geistes nicht folgen werden. Wenn Sie anfangen, sich für eine bestimmte Sache zu interessieren, braucht Ihr Unterbewusstsein wahrscheinlich Informationen. Wenn Sie ein Buch interessiert und Sie ein seltsames Verlangen danach spüren, dann greifen Sie zu. Hören Sie auf die innere Stimme. Diese Stimme möchte Sie zu Ihrem Ziel lotsen. Wer hören kann, der soll hören. Wenn diese Stimme Ihnen eine Idee präsentiert und sagt, „Mach den Anfang", dann handeln Sie und denken Sie dabei an die Worte von Aristoteles. Denn er sagte ganz treffend:

Der Anfang ist die Hälfte des Ganzen.
Aristoteles

Machen Sie den ersten Schritt, der für die Reise in ein neues Leben notwendig ist. Schreiben Sie den ersten Buchstaben, der für Ihre Erfolgsgeschichte nötig ist. Legen Sie den ersten Stein, der für Ihr neues Leben notwendig ist. Und bedenken Sie jetzt, dass auch ein Millionär mal irgendwann seinen ersten Cent verdient hat. Der längste Weg beginnt immer mit einem ersten Schritt. Ich hoffe, ich konnte in Ihnen die Einsicht wecken, dass ohne Handeln keine Wirkung erzielt werden kann.

Aber wenn das alles so einfach ist, wieso scheitern trotzdem so viele? Das liegt erstens daran, dass diese Leute die geistigen Gesetze nicht kennen und denken, man muss einen starken Willen haben, zweitens prägen Sie sich keine Bilder ins Unterbewusstsein ein. Daher weiß das Unterbewusstsein auch nicht, welchen Kurs es einschlagen soll und verfolgt die nächst möglichen Gedanken und Bilder, die ein Mensch im Geiste hat. Das sind dann oft Bilder von dem, was man nicht hat. Aber auch dann, wenn es Menschen gibt, die unsere geistigen Gesetze kennen, kommen Sie nicht über das Handeln heraus. Es scheint noch etwas zu geben, was uns daran hindert, zu handeln. Wenn wir herausfinden, was uns am Handeln hindert und wir daraufhin anfangen zu handeln, dann haben wir die dritte Kraft aktiviert. Also, lassen Sie uns nun folgende Frage beleuchten.

Was hindert uns am Handeln?

Wenn Sie bisher alles in diesem Buch angewandt haben, werden in Ihnen ausreichend Ressourcen mobilisiert worden sein, um Sie zum Handeln zu bewegen. Dadurch, dass Sie die zwei Kräfte Bewusstsein und Unterbewusstsein aktiviert haben, lösen sich Depressionen und Bequemlichkeit in Hoffnung, Ideenreichtum und Motivation auf. Aber dennoch gibt es noch einen Feind, der Sie daran hindern kann, Ihr Leben zu verändern und in jeder Hinsicht zufrieden zu sein. Dieser Feind ist die ANGST. Angst hindert uns daran zu handeln. Sie wollen Ihren Chef vielleicht nach einer Gehaltserhöhung fragen, doch Sie tun es nicht, weil sie Angst davor haben. Manche Menschen haben sogar die Fähigkeiten und das nötige Kleingeld dazu, sich selbstständig zu machen. Doch sie haben Angst davor, Ihren sicheren Job aufzugeben und wirklich erfolgreich zu werden. Die Konsequenz ist, dass diese Menschen dann weiter in einem ungeliebten Beschäftigungsverhältnis bleiben und unzufrieden sind. Oder überlegen Sie, welche Nachteile es hat, wenn man Angst hat, mit bestimmen Menschen zu sprechen. Die Angst zu handeln ist also ein großer Feind, den wir analysieren müssen, um ihn bekämpfen zu können. Denn Angst lähmt uns und wirft uns in Ketten. Deshalb möchte ich Sie nun darum bitten, dass Sie in sich gehen um zu erfahren, ob es in Ihnen auch so eine Angst gibt, die Sie daran hindert, etwas Bestimmtes zu tun. Gab es vielleicht schon mal eine Situation in Ihrem Leben, in der Sie Angst hatten, etwas Notwendiges zu tun? Wäre Ihr Leben anders verlaufen, wenn Sie es getan hätten? Wenn ja, dann wissen Sie, dass die Angst Sie und Ihre Fähigkeiten einschränkt. In den folgenden Zeilen möchte ich Ihnen helfen, die Angst vor dem Handeln zu nehmen. Sie werden zwar nicht mehr ohne Angst sein, aber die Angst wird Ihr Verbündeter. Denn Angst ist keinesfalls da, um uns zu quälen oder zu sabotieren. Nein, Angst soll uns schützen. Es ist ein starker gefühlsmäßiger Reflex, der so stark und unwiderstehlich wie ein Trieb sein kann. Dieser Angstreflex ist sehr nützlich, wenn echte Gefahr droht. Sie warnt uns z.B. davor, in eine dunkle Höhle zu gehen, wo es vielleicht gefährliche Tiere geben könnte. Die Angst kann uns sogar in Panik versetzen und einen Fluchtreflex auslösen. Das ist eine gute Sache, denn wenn Sie plötzlich in einem Raum mit Feuer stehen würden, wäre es doch besser, einfach wegzurennen, anstatt die Situation zu analysieren. In Situationen, in denen es richtig gefährlich ist, löst die Angst einen Fluchtreflex aus, der uns dazu bringt, die Beine in die Hand zu nehmen und zu verschwinden. Dieser Mechanismus verhindert, dass wir erst großartig nachdenken müssen, bevor wir wissen, was wir in großer Gefahr tun müssen. Wenn Sie keine Angst mehr verspüren würden, wäre Ihr Bewusstsein mit einer überraschenden Gefahrensituation hoffnungslos überlastet und Sie würden wahrscheinlich sofort in eine tranceartigen Starre fallen. Wenn Sie noch nie in einer solchen Situation gewesen sind, fehlt Ihrem Bewusstsein ganz einfach die Information, zu wissen, was als nächstes zu tun ist. Dadurch werden Suchprozesse ausgelöst, die das Bewusstsein so sehr fesseln, dass Sie in eine Trance geraten, die den ganzen Körper erstarren lässt. Besser ist es dann in solchen Momenten, sich mit dem Fluchtreflex fortreißen zu lassen. Angst möchte Sie also vor Schaden bewahren, wenngleich Angst nicht immer die beste Reaktion ist. Wenn während eines Flugzugabsturzes zum Beispiel der Pilot in Panik verfallen würde, so wäre das eher hinderlich, nicht wahr? Aus diesem Grund müssen Piloten auch ständig am Simulator alle möglichen Katastrophenfälle üben, um in echten Situationen zu wissen, was zu tun ist. Wenn dann tatsächlich mal eine Gefahrensituation eintritt, hat der Pilot sicher auch Angst, aber in seinem Gehirn ist die Prozedur gespeichert, die er in solchen Situationen anwenden muss. Durch die Übung wird er nicht von seiner Angst übermannt, sondern sie bringt ihn dazu, das Richtige zu tun. Im Normalfall stellt ihm sein Unterbewusstsein sofort die Informationen zu Verfügung, so dass er weiß, was als nächstes zu tun ist. Falls sein Gehirn doch blockiert durch die Angst sein sollte, gibt es dafür Notfallchecklisten, die abgearbeitet werden können. Die Angst also an sich ist nichts Schlechtes, sondern die Reaktion, die darauf folgt, ist entweder gut oder schlecht. In unserem Fall wäre es schlecht, aus Angst nicht zu handeln. Sie könnte uns daran hindern, Erfolg zu haben. Wir können also schon mal festhalten, dass Angst uns beschützen möchte und dass Angst in Situationen, in denen wir nicht wissen, was zu tun ist, ein lebenswichtiger Reflex ist. Aber wenn wir wissen, was zu tun ist, ist die Angst eher hinderlich. Wir brauchen also jetzt nur noch zu wissen, warum wir Angst haben, obwohl wir wissen, was wir tun sollten. Vor was will uns die Angst warnen? Was passiert denn, wenn wir z.B. davor Angst haben, einen attraktiven Mann oder eine attraktive Frau um eine Verabredung zu bitten. Sie malen sich in Ihrer Fantasie ein Szenario aus, in dem Sie gedemütigt werden und einen Korb erhalten. Sie wissen nicht, wie die Person auf Ihre Anfrage reagieren wird und zweifeln an dem Erfolg Ihres Unternehmens. Dieser Zweifel ruft dann Unentschlossenheit hervor, die wiederum den Zweifel nährt. Die Bilder im Kopf werden immer dramatischer, so dass uns die Angst überkommt und wir uns dazu entscheiden, lieber doch nicht die attraktive Person anzusprechen. Die Angst vor dem Handeln entspringt also aus zwei negativen Einstellungen, aus Unentschlossenheit und Zweifel. Diese beiden Geisteseinstellungen sind Ihre wahren Feinde, nicht die Angst an sich. Zweifel ist das

Gegenteil vom Glauben und wie Sie wissen, basiert unsere gesamte Handlungsweise und damit unser Leben auf dem Glauben. Ohne Glauben haben Sie keinen Kompass im Leben. Der Zweifel ist wie ein Magnet, der Ihre Kompassnadel ständig stört. Wenn Sie ein Schiff auf dem Meer wären und Ihr Kompass nicht funktionieren würde, dann wären Sie unentschlossen, den richtigen Kurs zu setzen. Es könnte dabei passieren, dass Sie sich immer weiter von Ihrem Ziel entfernen, anstatt sich Ihm zu nähern. Es gibt aber Situationen, in denen man zuerst unentschlossen ist und dann zweifelt. Dann kann es daran liegen, dass Ihnen die nötigen Informationen fehlen. Wenn Sie z.B. auf dem Meer sind und sich nicht dazu entschließen können, welches Ziel Sie als nächstes ansteuern sollen, liegt es daran, dass Ihnen die nötigen Bilder und Informationen fehlen. Bekämpfen Sie diese destruktiven Geisteshaltungen mit den Waffen Ihres Geistes. Alles steht in einer Wechselwirkung zueinander.

Um Zweifel aus dem Weg zu räumen, können Sie Ihren Glauben einsetzen. Ein Weg zum Glauben ist die Autosuggestion. Wenn Sie in einer Situation gefangen sind, in der Angst aus Zweifel entstanden ist, könnten Sie sich mit folgenden Affirmationen stärken:

- Ich lache über meine Angst!
- Ich bin sicher und ruhig!
- Ich bin voller Vertrauen!
- Ich glaube!

Sie werden sehen, was diese Affirmationen bewirken können. Nutzen Sie diese Suggestionen, um unerwünschte Zweifel aus dem Weg zu räumen. Unentschlossenheit lässt sich am besten durch Imagination und positive Vorstellung schwächen.

Meistens entsteht Unentschlossenheit auch aus mangelnden Informationen. In diesem Fall empfiehlt es sich, ein Buch über das bestimmte Thema zu besorgen. Es kann auch sein, dass Ihr Unterbewusstsein Sie vor einem Fehler warnen möchte, den Sie begehen könnten. Malen Sie sich Ihre Ziele immer so genau wie möglich aus. Ihr Bild sollte nicht schwarzweiß und dunkel sein, sondern riesig, farbig, und am besten mit Dolby Surround. Je genauer Ihr Bild ist, desto mehr wollen Sie es auch erreichen! Angst – Unentschlossenheit und Zweifel stehen in einer fließenden Beziehung zueinander. Das eine kann nicht ohne das andere leben. Sobald sie z.B. durch Autosuggestion eine von diesen negativen Geisteshaltungen bekämpfen, bekämpfen Sie auch die anderen.

Lassen Sie uns die Angst vor dem Handeln aber noch weiter untersuchen. Damit erhalten wir wichtige Kenntnisse über sie. Umso mehr Sie darüber wissen, desto leichter ist es, die Angst zu kontrollieren. Die Angst vor dem Handeln ist nämlich keine Angst für sich alleine, denn wir haben ja nicht Angst vor der Handlung selbst, sondern vor dessen eingebildete Konsequenzen. Die Angst vor dem Handeln entspringt aus folgenden Grund-Ängsten.

- Angst vor der Armut.
- Angst vor Kritik.
- Angst vor Alter, Krankheit und Tod.

Jedes mal, wenn Sie Angst verspüren, die Sie daran hindert, etwas zu tun, steckt eine dieser Angstarten dahinter. Wenn Sie erkennen, um welche Angst es sich handelt, dann können Sie die Angst auch überwinden. Wenn man erstmal eine Diagnose erstellt hat, dann weiß man auch, welche Medizin die richtige ist. Wenn Sie z.B. dazu neigen, übertrieben vorsichtig zu sein, dann steckt da mit Sicherheit die Angst vor der Armut hinter.

Wenn Sie gehemmt oder verschwendungssüchtig sind, kann es an der Angst vor Kritik liegen. Die meisten schlechten Charaktereigenschaften beruhen auf Angst. Daher ist es wichtig, sich damit auseinanderzusetzen. Wenn Sie z.B. einen Menschen kennen lernen, der gierig ist, kann es sein, dass er Angst davor hat, arm zu werden. Gibt jemand sein Geld mit vollen Händen aus und gibt eine Kneipenrunde nach der anderen, kann es daran liegen, dass er Angst vor Liebesverlust hat. Erlauben Sie mir, Ihnen eine kleine Aufstellung zu machen, an welchen Symptomen Sie welche Angst erkennen können.

Angst vor der Armut

Symptome: Gleichgültigkeit, Unentschlossenheit, Unsicherheit, übergroße Besorgtheit, übertriebene Vorsicht, Aufschieberitis.

Gefahr: Durch diese Art der Angst geraten Sie in den Teufelskreis der Armut. Denn wenn Ihre Gedanken an Armut hängen und Sie entsprechende Bilder im Geist haben, dann wird Ihr Unterbewusstsein schon bald dafür sorgen, dass diese Gedanken sich verwirklichen. Dadurch werden Ihre Ängste bestätigt und Sie geraten in eine Lethargie von Gleichgültigkeit und Unentschlossenheit. Das Schlimmste aber ist, dass Ihr Selbstbewusstsein in diesem Strudel zersetzt wird. Diese Symptome lassen sich oft bei Arbeitslosen beobachten. Meistens sehen die Betroffenen keinen Ausweg mehr und verfallen in Depressionen. Aber auch Menschen, die im Job sind, haben Angst, ihren Arbeitsplatz zu verlieren. Angst und Depressionen geben sich die Hand. Meist dauert es dann nicht lange und es stellt sich z.B. das gefährliche Burn-Out-Syndrom ein. In einem solchen Zustand lässt die Kündigung dann tatsächlich nicht mehr lange auf sich warten. Fast immer endet diese Angst in Handlungsunfähigkeit und einer sehr negativen Sichtweise der Welt.

Lösungsvorschlag: Die beste Medizin gegen diese Form der Angst ist es, Kenntnisse über die Geistigen Gesetze zu haben. Denn wenn Sie erstmal erkannt haben, dass Ihr Wohlstand nicht von äußeren Umständen abhängt, sondern von Ihrem Inneren, wissen Sie, dass eine negative Geisteshaltung Ihnen genau das bringt, wovor Sie sich fürchten. Eine positive Einstellung hingegen ist so mächtig wie eine unsichtbare Einkommensquelle. Wenn Sie in Ihrem Geiste Bilder von Erfolg und Reichtum tragen, dann ziehen diese Bilder auch die entsprechenden Dinge magnetisch an. Setzen Sie sich ein Ziel und stellen Sie es sich so bildhaft wie möglich vor und vertrauen Sie dem ersten Gesetz des Unterbewusstseins „jede lebhafte bildhafte Vorstellung möchte sich verwirklichen". Durch diesen Glauben schwächen Sie einen Grundpfeiler dieser Angst, nämlich den Zweifel. Auch wenn Sie im Moment noch nichts haben, vergessen Sie nicht: Jede große Reise beginnt mit einem Schritt. Wenden Sie dazu noch beharrlich die Autosuggestionen aus diesem Buch an und Ihre Angst wird bald von gestern sein. So nutzen Sie schließlich die Angst als Motor für Ihren Erfolg. Die Angst vor der Armut sollte uns dienen anstatt zu lähmen. Da die Angst vor Arbeitslosigkeit das gleiche wie die Angst vor der Armut ist, finden Sie dazu noch unzählige Möglichkeiten, diese Angst zu Ihrem Gewinn einzusetzen. Viele reiche Männer erzählen immer wieder, dass die Angst vor der Armut sie dazu gebracht hat, Pläne zu schmieden.

Angst vor Kritik

Symptome: Fehlende Initiative, Prasserei, Minderwertigkeitskomplexe, Gehemmtheit.

Gefahr: Jeder Mensch hat den starken Drang nach Annerkennung. Daher ist es für jeden schlimm, wenn er zurückgewiesen wird. Wir fühlen uns in unserer ganzen Person abgelehnt und oft sogar als Versager. Wenn das Selbstbewusstsein erstmal angegriffen ist, kann es dazu führen, dass alleine der Gedanke an Kritik oder das, was andere über uns denken, dazu führen könnte, dass wir schon gar nicht mehr den Versuch unternehmen, unseren Standpunkt zu vertreten. Die Angst vor Kritik regt unsere Phantasie in dem Maße an, dass es schon reicht, wenn man daran denkt, dass jemand uns in seinen Gedanken kritisieren könnte. Es gibt Menschen, die trauen sich aus diesem Grunde nicht in ein Geschäft zu gehen und eine defekte Ware zu reklamieren. Auch die Angst vor dem Telefonieren gehört dazu. Diese Angst führt uns immer tiefer in einen Minderwertigkeitskomplex. Das Gefährliche daran ist ganz einfach, dass unsere Leistungsfähigkeit nach und nach immer mehr zerstört wird und wir ebenfalls in eine Lethargie verfallen.

Lösungsvorschlag: Kritik an sich ist nichts anderes als eine Rückmeldung auf eine von uns ausgelöste Aktion. In der Bibel gibt es dazu eine wunderbare Weisheit:

Deshalb gib Dich nicht damit ab, einen Spötter zurechtzuweisen; er wird Dich nur dafür hassen. Belehre aber den Weisen und er wird Dich lieben.
Sprüche 9, 8

Und passend dazu:

Versuche nicht, einem Dummkopf etwas zu erklären; er wird Deine Worte ohnehin nur verachten!
Sprüche 23, 9

Daran, wie wir mit ehrlicher, echter Kritik umgehen, kann man erkennen, ob wir ein Dummkopf oder Weiser sind. Wenn jemand aus ehrlichen Motiven mit guter Absicht Kritik an unserer Person übt, sollten wir es bedingungslos annehmen. Es kann zwar sehr hart für uns sein, es ist aber ein wertvolles Geschenk, das uns jemand macht. Verschränken Sie nicht sofort die Arme und hören weg, denn vielleicht können Sie was Wichtiges lernen. Nur ein Dummkopf nimmt keinen Rat an und fasst es als böswillige Kritik auf. Ist die Kritik aber nicht gerechtfertigt, könnten Sie sich fragen, welches Motiv der Kritiker hat. Könnte es vielleicht Neid sein, dann entgegnen Sie ihm ganz einfach mit dem Satz „Du bist neidisch", mehr nicht. Versuchen Sie, nette Kritik ernst zu nehmen und entgegnen Sie böser Kritik mit dem Motiv, das Sie dahinter vermuten. Denn wenn Sie in einer Runde sind, decken Sie das Motiv des anderen auf. Er wird dann versuchen, sich zu verteidigen. An die Art, wie Ihr Gegner versucht, sich zu verteidigen, können Sie und die anderen erkennen, ob seine Aussage wirklich gerechtfertigt war. Wenn er nämlich ungehalten wird, können Sie getrost über sein Verhalten lächeln. Versucht er aber, sachlich und ruhig zu argumentieren, hören Sie hin und stimmen Ihm eventuell zu, wenn er Recht haben sollte. Eine gute Möglichkeit, andere mit in die Geschichte zu involvieren und sich als eine starke Persönlichkeit zu zeigen, ist, die Frage in den Raum zu werfen, was Sie tun könnten. Denn jeder fühlt sich geschmeichelt, wenn er um Rat gefragt wird. Probieren Sie es aus.

Es gibt aber im Leben eines jeden Menschen Kritik, die ihn sehr verletzt. Besonders dann, wenn die Kritik ungerechtfertig ist und der Kritiker auch noch am längeren Hebel sitzt. So wie es zum Beispiel der Fall ist, wenn der Chef uns kritisiert. Meistens müssen wir dann einfach runterschlucken. Es gibt aber eine Technik, mit der wir die Erinnerung an eine solchen Situation schwächen können, damit Sie uns in Zukunft nicht daran hindert, Leistungen zu vollbringen. Der Chef hatte vielleicht nur einen schlechten Tag und insgeheim tut ihm dieses Verhalten weh. Wenn er sieht, dass Sie ihm die Sache nicht krumm nehmen, wird er sicherlich bald versuchen, einen Ausgleich zu schaffen. Ich habe schon von vielen Fällen gehört, in denen sich der Chef sogar bei seinem Mitarbeiter entschuldigt hat. Die Fähigkeit, eine unangenehme Erinnerung zu neutralisieren, kann also sehr nützlich sein. Wenn Sie also eine solche Erinnerung haben, machen Sie jetzt Folgendes:

Denken Sei an eine Situation, in der Sie durch Kritik besonders verletzt wurden. Diese Situation kann weit weg in der Vergangenheit liegen oder erst vor kurzem passiert sein. Vergegenwärtigen Sie sich diese Situation so intensiv wie möglich. Sehen Sie, was Sie damals gesehen haben, hören Sie, was Sie damals gehört haben und fühlen Sie, was Sie damals gefühlt haben. Wenn Sie sich diese Situation ganz intensiv vergegenwärtigt haben, dürften Sie nun auch das unangenehme Gefühl spüren, das Sie damals empfunden haben. Jetzt versuchen Sie zu spüren, wo dieses Gefühl sitzt. Sitzt dieses Gefühl im Kopf, in der Magengegend, oder gar im Bauch? Entspannen Sie sich und lassen Sie das Gefühl stärker werden. Lassen Sie es so stark werden, dass Sie es zu einem Bild machen können. Wenn Sie ein Bild dieses Gefühls haben, verändern Sie es! Machen Sie es jetzt kleiner, dunkler und zu einem Schwarzweißbild. Schieben Sie es auch weiter von sich weg. Spüren Sie es jetzt immer noch so intensiv? Ich denke nicht. Da Ihr Gehirn jede Erinnerung, die es hervorholt, wieder ganz neu abspeichert, wird es jetzt diese Erinnerung mit dem gedämpften Gefühl neu speichern. Sie können auch die ganze Situation verändern, indem Sie das gesamte Bild wegschieben und es klein, dunkel und schwarzweiß machen. Sie werden sehen, welche Wunder diese Methode vollbringt. Sie funktioniert übrigens bei allen schlechten Erinnerungen.

Jetzt müssen wir nur noch eine Technik haben, die uns dabei hilft, uns auf Situationen vorzubereiten, vor denen wir Angst vor Kritik oder dem Urteil eines anderen Menschen haben. Besser noch, eine Technik, die unser Gehirn automatisch dazu bringt, fremde Kritik sofort objektiv zu betrachten, anstatt sich angegriffen zu fühlen und die uns dazu bringt, angemessen zu handeln. Auch diese Technik ist wieder ganz einfach. Meistens stellen Sie sich eine unangenehme Situation vor, wie andere Menschen über Sie denken könnten. Genau das bringt Sie dazu, sich tatsächlich komisch zu verhalten. Machen Sie es doch mal umgekehrt. Spielen Sie die Situation, vor der Sie Angst vor dem haben, was andere Menschen denken könnten, mal umgekehrt vor. Stellen Sie sich vor, wie diese Menschen positiv über Sie denken oder vielleicht überhaupt nicht beachten! Stellen Sie sich einfach vor, wie Ihnen die Situation besser gefallen würde. Da Ihr Gehirn keinen großen Unterschied zwischen einer Erinnerung und einer Vorstellung macht, wird sich Ihre Angst mildern. Wenn Sie z.B. zu einem Kunden müssen, den Sie vielleicht noch nie vorher gesehen haben, stellen Sie sich vor, wie Sie dieser Kunde besonders freundlich begrüßt. Sie bereiten sich nicht nur mental auf dieses Ereignis vor, sondern nutzen auch die Macht Ihres Unterbewusstseins, das jede bildhafte Vorstellung Wirklichkeit werden lässt. Sie können diese Angst ganz einfach mit den drei Kräften besiegen, indem Sie Ihren Willen dazu nutzen, Ihr Unterbewusstsein zu beeinflussen und dann entsprechend handeln. Menschen, die an dieser Form der Angst leiden, können Sich auch mit folgenden Autosuggestionen helfen:

- Es macht mir Spaß, vorwärts zu gehen und am Ball zu bleiben. Ich lasse mich nie von der Angst vor Misserfolgen, gleich welcher Art, behindern.
- Ich befreie täglich meine Gedanken und Energien, damit ich meine positivsten Erwartungen verfolgen und meine Träume realisieren und erfüllen kann.
- Es ist leicht und natürlich für mich, meine Gefühle zu beherrschen.

Diese Affirmationen sind ein sicheres Mittel, sich von solchen Ängsten zu befreien. Aber denken Sie daran, dass die Autosuggestion von der Wiederholung lebt und daher beharrlich angewendet werden muss. Damit werden Sie aber selbst die stärksten Hemmungen überwinden können. Zum guten Schluss hat es sich als sehr hilfreich erwiesen, sich einen Schutzschild vorzustellen an dem böse Zungen einfach abprallen. Probieren Sie es aus!

Bitte erlauben Sie mir, Ihnen noch einen Rat zum Thema bezüglich der Kritik zu geben. Auch andere Menschen fürchten Kritik sehr. Wenn Sie beliebt sein möchten, merken Sie sich eines: Kritisieren Sie niemals jemanden! Denn der Kritisierte hat den Reflex, sich sofort zu verteidigen. Der Fehler ist immer der gleiche, Kritik wird als Angriff auf die Person gewertet. Kritisieren Sie niemals einen anderen Menschen, wenn Sie es vermeiden können. Es bringt Ihnen am Ende nichts ein. Selbst wenn Sie bei einer Unterhaltung mit mehreren Beteiligten etwas zu 100 Prozent besser wissen als jemand anderes aus der Gesprächsrunde, dann stellen Sie ihn nicht bloß. Was hätten Sie davon am Ende? Wahrscheinlich gewinnen Sie nur eine Person, die Sie schlecht in Erinnerung halten wird.

Angst vor dem Alter, Krankheit und Tod.

Symptome: Vortäuschung von Jugend, innere Ablehnung des Alters, Lähmung (Ich bin zu alt!), Hypochondrie, Trägheit, mangelnde Widerstandskraft, Verweichlichung, Medikamentenmissbrauch

Gefahr: Die Angst vor dem Tod kann unser Leben so unbewusst beeinflussen, dass wir es gar nicht merken, da wir gerne den Tod verdrängen. Dadurch verschiebt sich die Angst auf die Bereiche Alter und Krankheit. Die Angst vor Krankheiten hat die unangenehme Wirkung, dass sich die Krankheiten tatsächlich sehr oft einstellen. Denn alles, woran Sie denken, möchten Sie verwirklichen. Wenn Sie Angst vor Krankheiten haben, und oft über sie nachdenken, rufen Sie Krankheiten praktisch herbei. Wenn Sie nur einen Moment daran denken, dass Ihr Blutdruck steigt, passiert das nachweislich sofort. Genauso kann der Gedanke an Krebs diesen erst möglich machen. Daher ist es nicht gerade gesund, über Krankheiten zu reden und zu denken. Sie müssen wissen, dass es eine sehr enge Körper-Geist- Beziehung gibt. Die Physiologie beeinflusst unsere Psyche, und die Psyche beeinflusst die Physiologie. Jeder Gedanke löst eine Reaktion im Organismus aus. Wenn wir bereits erkrankt sind und dieser Krankheit viel Beachtung schenken, geben wir nur unsere mentale Energie her. Damit blähen wir den Ballon nur weiter auf, und die Krankheit verschlimmert sich nur weiter. Die Angst vor Krankheit verweichlicht auch, und zwar so, dass wir uns die einfachsten Dinge nicht mehr zutrauen. Wir meinen sogar, es würde uns schonen, wenn wir im Bett liegen, anstatt zu handeln. Trägheit ist die Folge. Trägheit verursacht wiederum Krankheiten. Ähnliche Folgen hat die Angst vor dem Alter, wenn wir es als Entschuldigung für unser nicht Handeln nehmen. Der Spruch „Ich bin zu Alt“ ist außerdem gefährlich, weil es sich dabei um wirksame Autosuggestionen handelt. Manche älteren Menschen kopieren bewusst die Verhaltensweise von jüngeren Menschen, dabei besteht die Gefahr, unglaubwürdig zu sein.

Medizin: Sie kennen sicherlich den Spruch, man ist so alt wie man sich fühlt. Der eine ist mit sechzig schon im Rollstuhl, und der andere mit achtzig Jahren noch nicht. Auch dieses Geheimnis lässt sich anhand der Regel wie innen – so außen erklären. Forscher und Ärzte haben festgestellt, dass die neurotische Furcht vor den negativen Auswirkungen der Zeit, der tatsächliche Grund für vorzeitiges Altern ist. Ihr Geist wird sogar im Alter noch an Stärke zunehmen, da Sie auch immer mehr an Wissen und Erfahrungen aufnehmen. Ein weißes Haupt ist die Krone des Lebens. Sie sind immer so jung wie Ihre Denkweise. Der Garant für ein langes Leben mit einem regen Geist ist Interesse. Es scheint so, als ob das Schicksal oder Gott aufrichtiges Interesse an allen Dingen belohnt. Hören Sie niemals auf zu lernen, sich Ziele zu setzen und zu arbeiten. Dann werden die Jahre zwischen 65 und 95 Jahren eine wahre Blütezeit für Sie werden. Das ist das Geheimnis eines langen Lebens. Studieren Sie selbst alle möglichen Schriften oder die Bibel. In der Bibel wird viel von einem langen Leben gesprochen, aber niemals ist davon die Rede, dass es mit Ernährung und sportlicher Betätigung erreicht wird. Nein, alles was Sie sehen, ist dazu da, studiert und benutzt zu werden. Wenn man sich mit 60 Jahren auf die Couch legt und nichts mehr vom Leben erwartet, dann dauert es auch nicht mehr lange bis der Tod da ist. Wenn Sie aber die Zeit nutzen um zu lernen, studieren, forschen und um Gutes zu tun, dann wartet noch eine Zukunft auf Sie. Ihr Geist ist gerade in diesem Alter sehr wertvoll und lässt sich wunderbar dazu nutzen, um anderen Menschen zu helfen. Hören Sie niemals damit auf zu arbeiten, lernen und forschen. Ein Mensch ohne Interessen hat seinen Teil vom Leben schon weggegeben. Als gutes Vorbild habe ich immer die Päpste und Kardinäle der katholischen Kirche im Sinn. Diese Männer werden oft sehr alt und sind dabei immer sehr vital. Sie bekommen anscheinend nie genug davon, die Geheimnisse des Lebens zu studieren. Und das ist auch das Geheimnis ihrer Vitalität. Jeder Mensch ist so wie er denkt.

Verdrängen Sie deshalb auch jeden Gedanken an Krankheit. Außer Krankheit haben Sie nichts davon. Die meisten Krankheiten werden sogar erst dadurch verursacht, dass wir falsch denken. Jede geistige Disharmonie führt auch zu einer körperlichen. Wenn Sie aber Ihr denken ändern, können Sie schon einen gewaltigen Schritt nach vorne machen. Ihr Körper wird normalerweise im Laufe von ca. 11 Monaten stofflich komplett erneuert. Wenn Sie also positiver denken, gestalten Sie auch Ihren Körper damit neu. Wenn Sie Schwierigkeiten damit haben, nutzen Sie die überaus mächtige universelle Autosuggestionsformel von Emil Coué, und nutzen Sie sie ein Leben lang. Es geht mir mit jedem Tag in jeder Hinsicht immer besser und besser. Das ganze Leben folgt bestimmten Gesetzen. Sind diese Gesetze in Einklang, nennen wir das Harmonie. Krankheit ist Disharmonie und damit abnormal. Es gibt genügend Beweise, dass sich jede Krankheit durch den Einsatz geistiger Kräfte auch wieder heilen lässt, wenn Sie daran glauben. Denn umgekehrt verursachen Sie mit Leichtigkeit Krankheiten durch Ihre Gedanken. Bei Menschen, die an Depressionen leiden, stellen sich auch immer körperliche Beschwerden ein. Der menschliche Geist ist ein zweischneidiges Schwert. Ebenso wie Sie sich durch falsche Gedanken damit zu Grunde richten können, haben Sie auch die Möglichkeit, Ihren Feind, die Krankheit, zu bekämpfen. Wenn Sie krank sein sollten, überlegen Sie, ob es einen Umstand geben könnte, der Ihre Situation bessert. Wenn ja, dann arbeiten Sie sich darauf hin. Es gibt Menschen, die werden durch ihre Arbeit krank, am besten wäre es dann, sich einen neuen Job zu suchen, nicht wahr? Suchen Sie die Wurzeln des Übels, und reißen Sie sie aus. Mit der Autosuggestion von Emil Coué brauchen Sie keine Angst mehr davor zu haben krank zu werden, da ich der festen Ansicht bin, dass alle Krankheiten psychosomatisch sind. Entweder begünstigen wir durch eine falsche Denkweise eine Krankheit (schwaches Immunsystem) oder lassen Sie selbst entstehen (Krebs).

Die Mutter aller Ängste ist aber die Angst vor dem Tod. Von dem Angstreflex mal abgesehen, kann die Angst vor dem Tod uns aber nicht retten. Denn nichts ist so sicher wie der Tod. Er ist einfach unausweichlich. Es lohnt sich wirklich, einmal kurz über dieses Tabuthema nachzudenken. Denn wenn Sie erst die Unvermeidbarkeit des Todes vor Augen haben, können Sie sich die Frage stellen, wie es Jesus einmal tat:

Wer ist unter Euch, der seines Lebens Länge eine Spanne setzen könnte, wie sehr er sich auch darum sorgt?
Matthäus 6, 27

Es hat also keinen Sinn, sich vor dem Tod zu fürchten. Denn davon werden wir auch nicht länger leben, egal wie sehr wir uns darum ängstigen. Das einzige, was Sie aber wirklich tun können, ist es, zu leben. Anders hat es George Santayana, der amerikanische Schriftsteller, formuliert:

„Das einzige Mittel zwischen Geburt und Tod besteht darin, die Zeit dazwischen zu nutzen.“

Das bedeutet, wir dürfen das Leben nicht verschwenden, indem wir es uns selbst schwer machen. Machen Sie es sich schön. Es gibt die Möglichkeiten, jeder hat Sie. Nutzen Sie die drei Kräfte, von denen ich schreibe, um sich Ihre Träume zu erfüllen. Aber seien Sie auf keinen Fall tatenlos. Der Tod ist es, der dem Leben erst seinen Wert verleiht. Böse, destruktive Gedanken sind nichts anderes als Lebensverschwendung. Das meinte der französische Schriftsteller und Humorist Alphonse Allais, als er sagte, „der Tod ist der Mangel an Lebenskunst.“

Vielleicht macht es Ihnen auch Angst, dass Sie nicht wissen, was danach kommen könnte. Oft ist es die Ungewissheit, die uns ängstigt. Denn wir füllen alles Leere mit unseren eigenen Vorstellungen. In dieser Beziehung kann Ihnen nur der Glaube weiterhelfen. Befassen Sie sich z.B. mit der Bibel und schauen mal, was darin geschrieben steht. Sie können sich auch Berichte besorgen, die es über Nahtod-Erlebnisse gibt. Alle Untersuchungen, die Sie anstellen werden, deuten vermutlich auf ein Leben nach dem Tod hin. Wie es da sein wird, kann ich Ihnen nicht sagen, nur es ist sehr wahrscheinlich. Da unsere Welt nach dem Prinzip „wie innen – so außen, also nach dem Analogieprinzip funktioniert, lässt sich durchaus ein Kreislauf erwarten. Denken Sie an die Jahreszeiten. Sie künden jedes Jahr von Leben und Tod. Auch im Pflanzen- und Tierreich gibt es sehr viele Hinweise dazu. Suchen Sie nach einer Antwort, mit der Sie leben können. Suchen Sie in der Religion. Da gab es mal einen, der vom Tod zurückgekommen ist - Jesus! Andere erinnern sich an ihre vorherigen Leben. Es schadet nicht, sich mit diesem Thema auseinanderzusetzen. Es wird Ihnen bestimmt die Angst nehmen. Denn Sie erhalten ein sicheres Gefühl, wenn Sie eine Antwort für sich finden werden. Aber inzwischen kann ich Ihnen empfehlen: LEBEN SIE! Noch haben Sie rein gar nichts mit dem Tod zu tun.

Das schauerlichste Übel also, der Tod, geht uns nichts an; denn solange wir existieren, ist der Tod nicht da, und wenn der Tod da ist, existieren wir nicht mehr.
Epikur (griechischer Philosoph)

Im Großen und Ganzen dürfen Sie der Angst in Ihrem Leben keinen Raum geben. Angst ist oft wie ein Senfkorn. Sie kann sich klein und unbewusst in dem Geist eines Menschen einnisten und dann richtig genährt zu einem Baum von ungeheuerlicher Größe heranwachsen. Die Angst ist nur ein warnendes Gefühl und möchte Sie schützen. Aber Sie dürfen sich niemals davon abhalten lassen, etwas zu tun. Denn dann wird sie zu einem ungeheuerlich großen Baum heranwachsen und Sie fortan beherrschen. Angst ist zwar nützlich, aber besser ist überlegtes Vorgehen. Es wäre doch besser, in Krisensituationen einen kühlen Kopf zu bewahren und das Richtige zu tun, als panikartig wegzurennen, nicht wahr? Es ist doch hinderlich, wenn Ihnen die Angst die Luft zuschnürt, wenn Sie vor anderen reden müssen, oder nicht? Dann kämpfen Sie gegen die Angst und Ihre Kinder. Bekämpfen Sie Zweifel mit Glauben und Unentschlossenheit mit Entschlossenheit. Lassen Sie sich nicht von Gefühlen beherrschen und schon gar nicht daran hindern, glücklich zu werden. Herrschen Sie selbst über Ihre Gefühle. Nutzen Sie die Imagination dazu. Der Panikreflex, der uns die Luft zuschnürt, wird meistens dann ausgelöst, wenn in unserem Gehirn kein anderes nützliches Programm für diese Situation gegeben ist. Wenn Sie sich eine Situation so vorstellen, wie Sie sie gerne erleben möchten, dann geben Sie auch Ihrem Gehirn ein geeignetes Programm vor. Außerdem haben Sie noch die Möglichkeit der Autosuggestion, um Ihre Gefühle zu kontrollieren. Sie wissen außerdem, dass Sie Bilder in Ihrem Kopf so verändern können, dass die Emotionen verblassen.

Eine Technik, um Angst wirksam zu bekämpfen, möchte ich Ihnen aber noch zeigen. Denn es gibt Ängste, die schon zu einem ungeheuren Baum angewachsen sind. Diese Ängste sind für manche Menschen so unüberwindbar wie eine Mauer. Sie selbst haben der Angst diese Kraft verliehen. Wenn Angst zur unkontrollierbaren Größe herangewachsen ist, spricht man von einer Phobie. Die folgende Technik ist eine hochwirksame Methode, um Phobien in wenigen Minuten aufzulösen. Es handelt sich dabei um eine hochmoderne Technik aus dem Neuro-Linguistischen Programmierens, wozu Psychiater starke Medikamente benötigten und Psychologen Jahre an Therapien brauchten, kann heute dank modernster NLP-Forschung in wenigen Minuten geschehen. Probieren Sie diese Technik aus, wenn Sie an einer Phobie leiden oder andere situationsbedingte Ängste stark in Ihr Leben eingreifen.

Die schnelle Phobie-Technik

Sie sollten diese Technik vorher aber mit einer nicht allzu schlimmen, beängstigenden Situation ausprobieren, um Sie zu lernen. Dadurch steigern Sie die Effektivität sehr.

1. Die Situation

Stellen Sich die beängstigende Situation jetzt so intensiv wie möglich vor. Sehen Sie, was Sie gesehen haben und hören Sie, was Sie gehört haben. Nehmen Sie sich ruhig eine Minute dafür Zeit. Stellen Sie sich die Situation so vor, dass Sie die Angst spüren.

2. Das Kino

Stellen Sie sich jetzt vor, dass Sie in einem großen Kino sitzen. Auf der Leinwand sind Sie zu sehen, und zwar als Standbild, unmittelbar bevor Sie die Angstreaktion zum ersten Mal in Ihrem Leben erlebt haben (wenn Sie sich nicht daran erinnern können, nehmen Sie die intensivste Erinnerung, an der Sie sich noch erinnern können.).

3. Verlassen Sie Ihren Körper

Wenn Sie diese Vorstellung haben, stellen Sie sich vor, dass Sie nun Ihren eigenen Körper verlassen. Gehen Sie oder setzen sich dann in Ihrer Vorstellung einfach woanders hin, so dass Sie sich selbst dabei beobachten können, wie Sie sich die Leinwand ansehen. Bleiben Sie im Vorführraum, bis Sie die Anweisung erhalten, diesen wieder zu verlassen.

4. Den Film anschauen

Jetzt beginnt der Film anzulaufen, und zwar in schwarzweiß. Sie beobachten sich jetzt selbst dabei, wie Sie sich den Film anschauen. Beobachten Sie sich selbst und die Leinwand, bis der Film zu Ende ist und Sie in dieser Situation in Sicherheit sind. Halten Sie dann den Film als Standbild an.

5. Zurückspulen

Stellen Sie sich jetzt vor, wie Sie Ihre beobachtende Position verlassen und in das Standbild auf der Leinwand eintreten. Verschmelzen Sie mit dem Standbild auf der Leinwand und durchleben Sie die Situation jetzt rückwärts und in Farbe. Das gesamte Zurückspulen dauert nicht länger als ein bis zwei Sekunden. Wenn Sie mit dieser Vorstellung Schwierigkeiten haben, wiederholen Sie die Vorstellung einige Male. Wenn Sie damit abgeschlossen haben, entspannen Sie sich, und denken kurz an etwas anderes. Sagen Sie z.B. Ihre Telefonnummer rückwärts auf.

6. Der Test

Stellen Sie sich jetzt nochmals die beängstigende Situation vor wie in Schritt eins. Wenn Sie an den Gedanken, an die Situation, jetzt noch mehr als eine geringe Angst spüren, wiederholen Sie die Übung noch mal. Wenn Sie aber nur noch wenig Angst verspüren, sollten Sie untersuchen, ob die Angst noch in der realen Welt auftaucht. Falls Sie an Höhenangst leiden, suchen Sie einen Ort mit Höhe auf, um die Reaktion zu testen, eine hervorragende Methode, um starke Ängste schnell aufzulösen.

Vielleicht habe ich etwas viel über das Thema Angst gesprochen. Aber mit einer der schwerwiegendsten Gründe, warum Menschen sich nicht so entfalten wie Sie es eigentlich könnten, ist die Angst. Angst ist die lähmende Kraft, die unseren drei Kräften entgegensteht. Sie hindert uns am Handeln und schränkt unser Leben ein. Das Gefühl an sich meint es zwar gut mit uns, aber wir sollten lieber nach unserem Geiste handeln. Wenn Ihnen Ihr Unterbewusstsein eingibt, eine bestimmte Person anzusprechen, dann tun Sie es! Wenn Sie meinen, einer bestimmten Firma einen Verbesserungsvorschlag per Post zu schicken, dann tun Sie es! Keine Angst. Der Furchtlose kennt keine Grenzen. Wenn Sie es schaffen, Angst zu überwinden, dann gibt es keine Grenzen mehr für Sie. Zum Thema Angst könnte man noch Bibliotheken füllen. Mein Ziel war es, dass Sie erkennen, was Angst ist und wie Sie damit umgehen können. Ich hoffe, Ihnen einen Weg gezeigt zu haben, wie man Ängste eliminiert. Angst gibt es nur in der Vorstellung, sie existiert nur im Geist. Schieben Sie die Angst einfach zur Seite und machen Sie sich den Weg frei. Nutzen Sie Ihre geistigen Kräfte.

Denken Sie ganz einfach daran, was passieren würde, wenn Sie nicht handeln würden. Was würde mit Ihnen geschehen, wenn Sie nichts unternehmen würden? Versuchen Sie, es sich einmal vorzustellen, wie sich Ihr Leben entwickeln würde, wenn Sie in Ihren jetzigen Verhältnissen nicht handeln würden. Würde sich dadurch Ihr Zustand bessern? Sehr wahrscheinlich nicht, denke ich. Im Gegenteil, wenn Sie sich jetzt wirklich vorgestellt haben, nichts an Ihrer Situation zu ändern, dann müssten in Ihnen unangenehme Bilder auftauchen, oder nicht? Das liegt daran, dass Ihre Situation wahrscheinlich noch schlimmer werden wird, wenn Sie nichts tun würden. Jetzt nehmen Sie sich doch einmal einen Augenblick Zeit und versuchen sich vorzustellen, was mit Ihnen in 10 Jahren sein wird, wenn Sie nicht handeln werden? Schauen Sie sich die Bilder in Ihren Kopf an. Bestimmt werden Sie von den Bildern nicht gerade begeistert sein. Aber lassen Sie die Bilder einen Moment wirken. Holen Sie die Bilder sogar noch etwas näher ran und intensivieren Sie die Farben. Fühlen Sie sich unbehaglich? Wie fühlen Sie sich in 10 Jahren? Wo könnten Sie vielleicht wohnen? Wenn Sie darüber nachgedacht haben, versuchen Sie sich jetzt vorzustellen, wo Sie in 20 Jahren stehen, wenn Sie nicht handeln. Sind Sie glücklich? Sind Sie gesund? Betrachten Sie die Bilder, die in Ihrem Geist auftauchen und vergrößern Sie sie absichtlich. Versetzen Sie sich voll und ganz in diese imaginierte Situation, so dass Sie spüren, was Sie tatsächlich in 20 Jahren spüren, wenn Sie nichts verändern würden. Ich vermute, dass Ihnen der Gedanke an eine solche Zukunft nicht gefällt, nicht wahr? Sie sehen also, dass es wirklich notwendig ist, die richtigen Handlungen auszulösen. Es gibt Menschen, die von Anstrengung und Mühsal sprechen, um aus einem schlechten Zustand wie der Arbeitslosigkeit herauszufinden. Aber was ist anstrengender? Die Prinzipien aus diesem Buch anzuwenden oder gar nichts zu tun. Der eine oder andere würde jetzt sofort sagen, es ist weniger anstrengend, gar nichts zu tun. Doch das stimmt nicht, es ist nur eine Illusion. Denken Sie einmal anders. Was ist anstrengender? Ein Leben in Arbeitslosigkeit und Geldknappheit zu führen, mit der reellen Gefahr von Depression, Alkoholsucht, Krankheit und Einsamkeit? Oder ein Leben, in dem Sie vielleicht die ersten 7 Jahre dazu benötigen, die richtigen Grundsteine zu legen und dabei noch erfolgreich zu sein? Vielleicht kostet es einige

Anstrengung sich täglich mit Suggestionen und Imagination zu befassen, doch es wird schon bald zur Gewohnheit werden. Es könnte sein, dass es einige Mühe kosten wird, eine Bewerbung zu schreiben und sich anfangs in einer neuen Firma zu beweisen. Aber schon bald werden Sie Freude an Ihrem Erfolg haben. Was denken Sie? Wie wäre Ihre Situation in 10 Jahren, wenn Sie die Prinzipien aus diesem Buch anwenden und handeln werden? Wie wäre es, wenn Ihre Bewerbung Erfolg hat und Sie wieder in einer Firma arbeiten würden? Was wäre dann mit Ihnen in 10 Jahren? Geht es Ihnen dann besser als jetzt? Wie könnte sich Ihre Situation entwickeln, wenn Sie weitere Erfolge haben? Was wäre dann in 20 Jahren? Was sehen Sie? Beantworten Sie mir diese Frage. Ist dieses Leben jetzt anstrengender als das andere in 20 Jahren Arbeitslosigkeit? Wahrscheinlich fahren Sie ein schönes Auto und können in Urlaub fahren. Sie haben vielleicht ein schönes Hobby und Ihre Lebensversicherung wird bald ausbezahlt. Ich kann mir nicht vorstellen, dass so ein Leben anstrengender ist, als 20 Jahre in Arbeitslosigkeit und Armut zu verbringen. Also, was ist mühseliger? Zu handeln und das Richtige zu tun oder einfach nichts zu tun? Was wird Sie auf Dauer mehr kosten? Was ist auf Dauer besser für Ihre Gesundheit? Ich vermute mal, dass Sie wissen, worauf ich hinaus will. Ich will es gerne in einem Satz sagen:

„Es kostet mehr Kraft ein Leben in Armut zu ertragen, als die Anstrengung im richtigen Moment zu handeln."

Philosophieren Sie doch ein wenig darüber. Überlegen Sie, was es Sie kosten könnte eine Bewerbung nicht loszuschicken, wenn der Empfänger Sie eingestellt hätte. Lassen Sie uns jetzt mal mit einem Jahresverdienst von 20.000.- Euro rechnen. Das macht dann in 10 Jahren? Richtig, 200.000.- Euro. Genau so viel könnte es kosten, wenn Sie eine Bewerbung nicht losschicken. Eine Bewerbung zu schreiben und zu verschicken kostet vielleicht 30 Minuten Zeit und 3.-Euro. Selbst wenn Sie 10 Bewerbungen verschicken würden, wären das immer noch 30 Euro gegen 200.000.-€. Das Beispiel braucht aber nicht auf Bewerbungen begrenzt zu werden, vielleicht haben Sie ja eine Idee sich selbstständig zu machen. Umso besser! Jeder Bauer muss immer zuerst säen, wenn er ernten will. So ist es mit allem. Der Bauer wird wahrscheinlich das Tausendfache von dem, was er gesät hat zurück erhalten. Es kostet Sie am Ende weniger Geld und Mühe, als wenn Sie jetzt handeln würden. Fragen Sie sich einfach das nächste Mal, was kostet es mich, nichts zu tun? Was wäre mit mir in 10 Jahren, wenn ich nichts unternehme? Die Anstrengungen und Kosten, die einige Leute immer vor Augen haben, sind lächerlich im Vergleich dazu, einfach nichts zu tun. Es ist ganz einfach eine Illusion. Vielleicht sagen Sie jetzt: „Und das Risiko?“ Dazu sage ich nur, wer die 3 Kräfte anwendet und kennt, der braucht sich nicht länger vor äußeren Umständen fürchten. Denn sein Geist ist die Quelle allen Wohlstandes und der Ideen. Es ist eine unsichtbare Quelle der Versorgung. Außerdem verbirgt sich hinter dieser Frage Zweifel und Unentschlossenheit. Das sind bekanntlich die beiden Säulen der Angst. Wie Sie wissen, ist die Angst ebenfalls nur eine Illusion. Die Frage nach dem Risiko ist eine Frage des Glaubens. Wenn Sie den geistigen Kräften vertrauen, aktiviert das Ihr Unterbewusstsein. Es vermag Sie auf den richtigen Weg zu führen und dazu zu bringen das Richtige zu tun. Wenn Sie das Risiko fürchten, dann wird es Sie auch erreichen. Speisen Sie Ihr Unterbewusstsein stattdessen lieber mit den richtigen Bildern von Wohlstand und Erfolg. Diese Gedankensaat wird die richtigen Früchte hervorbringen. Die Frage des Risikos kann alleine durch die Wahrscheinlichkeitsrechnung geklärt werden. Es ist eine simple Rechnung. Wie groß ist die Wahrscheinlichkeit, zu einem Vorstellungsgespräch eingeladen zu werden, bei 200 Bewerbungen, die Sie schreiben? Im schlimmsten Fall wäre das 1 zu 200. Sie haben dabei vielleicht Kosten von ca. 600.-€ gehabt. Wie hoch ist die Chance im Vorstellungsgespräch angenommen zu werden, wenn Ihr Unterbewusstsein die richtigen Schwingungen aussendet und Sie Leistung und Arbeitswillen ausstrahlen? Ich sage es Ihnen: Sehr hoch! Der Multimilliardär Donald Trump erzählte in seinem Buch, dass er einen Teil seines Erfolges der Auswahl des richtigen Personals zu verdanken hat. Er sagte, dass man sich auf keinen Fall von Titeln blenden lassen solle. Denn es gibt Millionen Versager die Titel haben und keine Leistung erbringen. In seinem Buch „Wie man reich wird“ machte er sogar folgenden Satz zum Grundsatz:

„Umgeben Sie sich mit den besten Mitarbeitern, die Sie finden können.“ Und „Lassen Sie sich nicht von Titeln blenden, sondern versuchen Sie den ganzen
Menschen und seine wahren Talente zu erkennen.“

Diese Talente, von denen er spricht, sind ganz einfach die richtige Einstellung. Menschen, die das Geheimnis des Erfolges kennen und anwenden können. Donald Trump würde lieber Sie einstellen als jemanden mit Titeln. Die 600.-€ sind also kein Risiko im Vergleich zu dem, was Sie verdienen könnten. Vergessen Sie nicht, dass Sie das Geheimnis der 3 Kräfte dazu nutzen können, sehr erfolgreich zu werden. Deshalb ist sogar sehr wahrscheinlich, dass Sie in 10 Jahren mehrere Gehaltserhöhungen oder bessere Posten erhalten werden.

Was ist aber mit Leuten, die sich selbstständig machen wollten und heute pleite sind? Um diese Frage zu beantworten, müssten Sie ganz einfach wissen, was dieser Mensch für Bilder in seinem Geist hatte. Können Sie das beantworten? Solche

Fragen retuschieren ebenfalls nur die Angst, die dort hinter steckt. Mit einer solchen Frage kann man sich hinter dem Deckmantel einer klugen Überlegung verstecken. Fragen Sie doch lieber nach den Leuten, die mit einem kleinen Eisenwarenladen in Mannheim eine riesige Baumarktkette namens Bauhaus aus dem Boden gestampft haben. Oder fragen Sie nach dem Milchshake-Verkäufer Ray Crock, der die Vision hatte, ein ominöses Restaurant namens McDonald´s weiterzuentwickeln in dem er arbeitete und dazu noch neue Filialen zu eröffnen. Ich denke, der Erfolg hätte sich niemals aus solch zweifelhaften Fragen ergeben, die sich manche Menschen stellen, um Ihre Angst zu verstecken. Nutzen Sie bei solchen Zweifeln die erste Kraft Ihres Bewusstseins, indem Sie sich fragen: Wer? Wo? Wann? Alle? Schalten Sie das Gefühl der Angst aus, und analysieren Sie die Situation faktisch. Die Frage nach dem Risiko ist erst berechtigt, wenn Ihnen ein Fremder verspricht, Ihr Erspartes mit einer exotischen Anlageform zu verdoppeln. In diesem Fall sind solche Fragen angebracht. Aber nicht, wenn sie als Deckmantel der Vorsicht fungieren, um die Angst vor dem Handeln zu kaschieren. Bedenken Sie, wenn Sie nicht handeln, wird auch nichts passieren. Wenn Sie immer nur das Gleiche tun, wird auch nichts anderes passieren. Warten Sie nicht wie andere darauf, dass etwas passiert, sondern handeln Sie. Jetzt gleich! Diese Einstellung ist ein fundamentaler Bestandteil des wahren Erfolgs. Fragen Sie sich immer, was in 10 Jahren sein könnte, wenn Sie nichts unternehmen und was aber passieren könnte, wenn Sie Erfolg haben. Damit gelingt es Ihnen, alle Zweifel aus dem Weg zu räumen. Zweifel ist der Feind des Glaubens und ein Kind der Angst.

Zu jedem Vorhaben gehört aber der Glaube. Wenn ich nicht glauben würde, dass dieses Buch Ihnen helfen wird und es nicht gedruckt wird, hätte ich es nie geschrieben. Was hätte mir schon Großartiges passieren können, wenn es nicht angenommen worden wäre? Wahrscheinlich nicht viel. Ich würde mich dann fragen, woran es gelegen hat und was ich anders machen müsste, damit es angenommen und gedruckt wird. Aber ohne Glauben hätte ich es gar nicht erst geschrieben. Das wusste auch William Shakespeare als er sagte:

Unsere Zweifel sind Verräter und lassen uns oft das Gute, das wir gewinnen könnten, dadurch verlieren, dass sie uns abhalten, es ernstlich zu wollen.
William Shakespeare

Der Zweifel ist wie ein Borkenkäfer, der einen Baum von innen her auffrisst. Glauben Sie an sich, ich tue es. Denn ich weiß um die erstaunlichen Kräfte des menschlichen Geistes. Sie brauchen keine Angst vor dem Scheitern haben. Denn Scheitern ist überhaupt nichts Schlimmes. Ganz im Gegenteil. Scheitern sollte, anstatt uns dazu zu bringen, die Flinte ins Korn zu werfen, lieber zum Handeln anregen. Auch das ist es, was erfolgreiche Menschen im Gegensatz zu anderen ausmacht. Denn Scheitern ist nichts anderes als Information. Scheitern ist eine Rückmeldung auf unsere Aktion. Was würden Sie machen, wenn Sie mit Pfeil und Bogen auf eine Zielscheibe schießen und 20 Millimeter rechts neben der Mitte treffen? Ganz klar, Sie zielen beim nächsten Schuss einfach 20 Millimeter mehr nach links. Sehr wahrscheinlich treffen Sie dann ins Schwarze. Wenn wir also nicht die gewünschte Reaktion auf unsere Aktion ernten, müssen wir noch etwas anderes machen. Das Gesetz von Saat und Ernte sagt ja auch, wir ernten genau das was wir säen. Scheitern ist nichts anderes, als die Reaktion auf unsere Aktion. Dadurch, dass ein Ergebnis anders ist als erwartet, gewinnen Sie an Erfahrung. Sie wissen nämlich jetzt, dass es so nicht richtig ist und dass jetzt anders gehandelt werden muss. Genauso handelte auch Thomas Edison, als er die Glühbirne erfand. Erst beim zehntausendsten Versuch gelang ihm der Erfolg. Er sammelte vorher lediglich Information und wusste jetzt ganz genau, was dazu führt, dass die Glühbirne leuchtet. Wenn es ihm beim ersten Versuch gelungen wäre, dann wäre es nur Glück gewesen. Er hätte dann auch nicht die wertvollen Erkenntnisse gewonnen. Vielleicht hätte er ja gar nicht gewusst, warum der Faden jetzt leuchtet. Deshalb sagte er auch:

„Erfahrung nennt man die Summe aller unserer Irrtümer."

Misserfolge sind also auf keinen Fall negativ, sondern wir können aus ihnen lernen. Wir wissen dann nämlich, woran wir noch genau feilen müssen. Wenn Sie so denken, werden Sie bald unweigerlich auch die richtige Aktion, die zum Ergebnis führt, auslösen. Es gibt keinen Misserfolg sondern nur Rückmeldung. Daher brauchen Sie auch keine Angst vor dem Scheitern haben, sondern Sie gewinnen etwas dabei. Sie gewinnen an Erfahrung und Übung. Freuen Sie sich lieber darüber, und bleiben Sie beharrlich. Geben Sie nicht auf. Dann kann es Ihnen passieren, dass Sie den Erfolg verpassen, nur weil Sie eine Kleinigkeit anders gemacht haben. Wenn Sie keine befriedigenden Fortschritte in Richtung auf Ihre Ziele machen, dann suchen Sie nach dem „noch mehr"!

Die meisten meiner Ideen gehörten ursprünglich anderen Leuten, die sich nicht die Mühe gemacht haben, sie weiterzuentwickeln.
Thomas Alva Edison

Aber denken Sie jetzt nicht, dass Handeln Anstrengung bedeuten soll. Auf keinen Fall. Wie Sie wissen, aktiviert willentliche Anstrengung nur das Gesetz der gegenteilig bewirkten Anstrengung. Handeln bedeutet ganz einfach das Nötige im richtigen Augenblick zu tun. Seien Sie gelassen, und setzen Sie sich auf keinen Fall unter Stress. Wenn Ihr großer Motor, das Unterbewusstsein, erstmal läuft, passiert alles wie von selbst. Sie brauchen nur den richtigen Treibstoff dazu geben. Der Treibstoff für den Motor Unterbewusstsein ist der Glaube. Die Qualität des Glaubens lässt sich mit Hilfe der Autosuggestion steuern. Den Weg geben Sie mit Ihren inneren Bildern an. Die einzigen Gefahren, vor denen Sie sich schützen müssen, sind Angst, Zweifel und Unentschlossenheit. Schützen Sie Ihren Motor vor diesen Stöcken. Dann werden Sie auch zur richtigen Zeit das Richtige tun. Folgen Sie Ihren Eingebungen. Wenn Sie das Gefühl haben, auf einer belebten Straße eine Grimasse zu schneiden, dann machen Sie es. Es gibt berühmte Schauspieler wie Jim Carey, die vielleicht sonst niemals entdeckt worden wären, hätten sie nicht eine Grimasse geschnitten. Tun Sie das Richtige zum richtigen Zeitpunkt, aber tun Sie es. Dann arbeiten alle 3 Kräfte in einer Richtung. Sie handeln harmonisch und sind kongruent. Wenn diese drei übereinstimmen, dann handeln Sie als ganze Einheit und mit voller Macht. Sie nutzen dann bekannte und unbekannte Kräfte, geistige und physikalische Gesetzmäßigkeiten und das ungeheure verborgene Potenzial Ihres Unterbewusstseins.

Sie können die Kraft des Handelns noch verstärken, indem Sie sich einen Reflex erschaffen. Denn oft zögern wir aus Trägheit oder anderen Gründen, das Richtige zu tun. Da kann es durchaus von Nutzen sein, einen bestimmten Knopf zu haben, der uns dazu bringen kann, zu handeln. Das installieren eines solchen Auslösers ist sehr einfach. Der berühmte Verhaltensforscher Iwan Petrowitsch Pawlow fand nämlich in seinen bekannten Experimenten heraus, dass wir oft aufgrund von Reflexen handeln. Reflexe sind nichts anderes als eine gewohnheitsmäßige Handlung, die im Unterbewusstsein gespeichert ist, also ebenfalls ein Programm. Diese Reflexe werden dann aufgrund eines bestimmten Auslösers aktiviert und ausgeführt. Selbstverständlich ist es möglich, solche Reflexe zu erlernen. Dieses Training nennt man Konditionierung. Wäre es nicht gut, einen Reflex zum Handeln zu haben? In Situationen, wo Sie träge oder unentschlossen sind, kann ein solcher Reflex sehr hilfreich sein. Stellen Sie sich vor, Sie müssten nur auf einen Knopf drücken und schon handeln Sie. Sich selbst zu konditionieren ist sehr einfach. Machen Sie in Zukunft einfach Folgendes. Jedes Mal, bevor Sie handeln, ballen Sie einfach die Faust und sagen Sie dabei „tue es". Ist doch einfach, oder nicht? Machen Sie es sich von jetzt an zur Gewohnheit, beim Staubsaugen, Kaffeekochen, Putzen oder jeder anderen Handlung immer vorher die Faust zu ballen und „tue es" zu sagen. Wenn Sie sich denken, das Fenster könnte mal wieder geöffnet werden, dann ballen Sie die Faust, und sagen Sie sich „tue es". Ganz einfach, stimmt´s? Schon nach kurzer Zeit bildet Ihr Körper bestimmte Verknüpfungen im Gehirn und bildet einen Reflex. Es besteht dann eine Körper-Geist-Verbindung zwischen dem Handeln und dem trainierten Auslöser, die Sie dann auch umgekehrt ausnutzen können. Wenn Sie nämlich später einmal in eine Situation kommen, wo Sie etwas tun sollten, aber zögern. Dann ballen Sie Ihre Faust und sagen Sie zu sich „tue es". Diese Geste löst dann sofort den Reflex zum Handeln aus. Probieren Sie es aus, es ist eine große Hilfe. Es passiert ja auch schon einmal, dass man überhaupt keine Lust hat, etwas zu tun. Hier hindert uns ein Gemütszustand, das Richtige zu tun. Auch in einem solchen Fall wird das „Tue es" schnell alle geistigen Blockaden auflösen. Es gibt aber ebenso natürliche Reflexe, die wir ausnutzen könnten. Zum Beispiel das Lächeln. Immer, wenn wir uns freuen, lächeln wir, nicht wahr? Es besteht also eine Verbindung zwischen einer Emotion und einer körperlichen Reaktion. Wenn Sie einmal nicht so glücklich sind, dann lächeln Sie einfach. Nach ca. einer Minute sollte sich Ihr Befinden spürbar verbessert haben. Sie haben jetzt mit Ihrer Physiologie den Geist beeinflusst. Wie Sie sehen, geht es auch im umgekehrten Falle. Der Geist beeinflusst den Körper, und umgekehrt beeinflusst der Körper auch den Geist. Verwenden Sie dieses Wissen, um Ihren Geist zu stärken. Wenn Sie froh sind, dann lächeln Sie auch. So schaffen Sie eine Körper-Geist-Harmonie, die Ihnen zusätzliche Freude gibt. Sie müssen kein Opfer von Gefühlsschwankungen mehr sein, wenn Sie nicht wollen. Durch die Erkenntnis, dass körperliche Reflexe den Geist ebenso beeinflussen können wie umgekehrt, haben Sie die Möglichkeit, jeden beliebigen Geisteszustand auf Knopfdruck hervorzurufen. Wenn kein natürlicher Reflex für eine Emotion wie Lächeln, für Freude, besteht, können wir uns selbst ganz einfach einen Reflex einrichten. Genau wie mit dem Auslöser „Tue es“ brauchen wir uns nur zu konditionieren. Nehmen wir an, Sie hätten gerne das Gefühl von Selbstbewusstsein auf Knopfdruck parat. Gehen Sie dann wie folgt vor:

1. Machen Sie sich bewusst, was Sie erreichen wollen. Zum Beispiel möchten Sie erreichen, dass das Gefühl von Selbstbewusstsein oder Stärke durch einen Druck auf die Kniescheibe ausgelöst wird. Spielen Sie diese Möglichkeit einmal im Geiste durch.
2. Als Nächstes versetzen Sie sich in eine Situation, als Sie das Gefühl von Selbstbewusstsein hatten. Denken Sie sehr intensiv an dieses Ereignis. Wenn Sie sich an keines erinnern können, dann stellen Sie sich einfach eine solche Situation vor. Wichtig ist alleine, dass Sie das Gefühl von Selbstbewusstsein spüren.
3. Versuchen Sie nun, das Gefühl von Selbstbewusstsein zu intensivieren. Nützlich dabei ist es oft, sich dieses Gefühl bildlich vorzustellen. Welche Größe, Form,

Farbe hat es? Oder stellen Sie sich vor, wie Sie mit einem Schalter das Gefühl hochdrehen.

4. In dem Moment, wo Sie meinen, das Gefühl am stärksten zu spüren, berühren Sie den Ankerpunkt z.B. die Kniescheibe. Ein Indiz für intensives Erleben eines Gefühls dafür ist es, wenn man die Gesichtszüge verändert oder die Körperhaltung ändern möchte. Das Timing ist dabei wichtig. Sie müssen, sobald Sie das Gefühl wirklich deutlich spüren, den Ankerpunkt berühren.
5. Ich empfehle, diese Übung noch ca. fünfmal zu wiederholen. Da Sie ja jetzt das Gefühl von Selbstbewusstsein einmal bewusst erinnert haben, ist es für Ihr Gehirn jetzt noch viel einfacher, es aufleben zu lassen. Sie werden merken, dass Sie es bei dem zweiten Versuch noch viel einfacher haben werden. Jedes Mal dann, wenn das gewünschte Gefühl am stärksten ist, berühren Sie den Ankerpunkt. Es muss nicht unbedingt eine Berührung sein, es kann auch eine Geste oder ein Wort sein. Sie können auch alles kombinieren. Ganz wie Sie wollen.
6. Jetzt ist es an der Zeit, die Verbindung zu testen. Gehen Sie dazu an einen anderen Ort. Denken Sie dann kurz an etwas anderes, oder sagen Sie einmal Ihre Telefonnummer rückwärts auf. Berühren Sie den Ankerpunkt, jetzt müsste in Ihnen das Gefühl von Selbstbewusstsein ausgelöst worden sein. Einfach so, auf Knopfdruck können Sie jetzt selbstbewusst sein. Wenn Sie mit dem Ergebnis nicht zufrieden sind, wiederholen Sie einfach die Übung solange bis es klappt. Es funktioniert bei jedem.

Diese bewusst konditionierten Reflexe nennt man ganz einfach Anker oder auch Trigger. Es ist eine fantastische Möglichkeit seinen Gemütszustand in kurzer Zeit einfach zu verändern. Sie könnten das zum Beispiel während eines Vorstellungsgespräches ausnutzen oder wenn Sie mit fremden Menschen zusammenarbeiten müssen. Die Möglichkeiten sind fast unbegrenzt. Ein Mensch, der seinen Geisteszustand verändern kann, besitzt unglaubliche Macht. Sie können sich auch unangenehme zukünftige Ereignisse vorstellen und diese durch den Anker positiv beeinflussen. Stellen Sie sich dazu einfach ein unangenehmes zukünftiges Ereignis vor. In dem Moment, wo es in Ihrer Vorstellung am unangenehmsten ist, lösen Sie dann den Reflex aus. Die herbeigeführte Gefühlsregung müsste nun auch in dem vorgestellten Szenario aktiv werden. Wiederholen Sie das ruhig ein- bis zweimal. Jetzt passiert Folgendes. Erstens wird diese Vorstellung jetzt wie eine Erinnerung im Gehirn gespeichert, und zwar mit dem positiven Gefühl. Die Vorstellung an das kommende Ereignis wird wahrscheinlich jetzt nicht mehr so unangenehm für Sie sein. Zweitens verbinden Sie diesen Anker wiederum an einen neuen Auslöser. Die Wahrscheinlichkeit ist sehr hoch, dass, wenn die vorgestellte Situation wirklich sehr unangenehm wird, das geankerte Gefühl dann automatisch ausgelöst wird. Halten Sie das für unglaublich? Das ist es auf keinen Fall. Wie ich schon sagte, werden Sie die meiste Zeit des Tages von unbewussten Programmen beeinflusst. Bestimmte Auslöser lösen dann diese Programme aus. Wenn Sie z.B. eine Tür sehen, brauchen Sie nicht zu überlegen, wie diese zu öffnen ist. Sie öffnen die Tür ganz einfach automatisch. Es ist ein Reflex. Solche Reflexe gibt es nicht nur im physiologischen Rahmen, sondern auch im Emotionalen. Das bedeutet, dass auch Gefühle durch bestimmte Auslöser hervorgerufen werden. Bestimmt erinnern Sie sich an eine Situation, wo Sie durch einen Geruch an ein Ereignis in Ihrer Kindheit erinnert wurden. Dabei hatten Sie wahrscheinlich das gleiche Gefühl, was Sie damals gespürt haben. Oder ein anderes Beispiel ist Musik. Wenn Sie sich einmal bei einem bestimmten Song wohlgefühlt haben oder eine bestimmte Erinnerung damit verknüpfen. Dann kann das Abspielen dieses Musikstückes bei Ihnen Gefühle auslösen. Viele Paare kennen einen Song, bei dem sie sich verliebt haben. Sobald sie dieses Lied wieder anhören, strömen automatisch auch alle Emotionen des Verliebtseins wieder bei ihnen hervor. Wie Sie also sehen, ist das Prinzip des Ankerns keiner geheimnisvollen esoterischen Handlung entsprungen, sondern entspricht der Funktionsweise unseres Gehirns. Es gibt noch viele Beispiele dafür, dass emotionale Zustände durch alltägliche Auslöser einfach hervorgerufen werden. Das ist nämlich auch der Zweck, warum sich manche Menschen aus dem Urlaub ein Souvenir mit nach Hause nehmen. Wenn sie es in den heimischen vier Wänden dann betrachten, werden in ihnen auch automatisch Gefühle an den letzten Urlaub wach. Auch hier kann Musik wieder eine wichtige Rolle spielen. Es werden täglich unbewusst bestimmte Verknüpfungen in Ihrem Gehirn gebildet. Es ist also nichts Besonderes, und Sie können solche Verknüpfungen ganz bewusst und willentlich zu Ihrem Vorteil herstellen. Verfahren Sie ganz einfach nach der Anleitung, die ich Ihnen gegeben habe, um einen bestimmten Zustand zu ankern. Dieser Zustand ist dann immer für Sie verfügbar, wenn Sie ihn brauchen. Es ist eine große Macht. Nutzen Sie die Körper-Geist-Verbindung für sich aus, und werden Sie Herr über Ihre Gefühle. Damit sind Sie auch der Herr über Ihr Leben.

Eine wichtige Sache möchte ich Ihnen zu diesem Thema noch mit auf den Weg geben. Und zwar, dass Sie Ihren geistigen Fähigkeiten absolut vertrauen können. Was immer Sie sich vornehmen und glauben können, das können Sie auch schaffen. Wenn Sie alles so anwenden, wie ich es hier beschrieben habe, dann schaffen Sie die Wende. Doch Eines müssen Sie wissen. Das Geheimnis der 3 Kräfte ist keine Zauberei, die augenblicklich Ergebnisse liefern kann. Wenn Sie in Ihrem Geiste einen neuen Sportwagen sehen, dann wird dieser nicht im gleichen Augenblick vor Ihrer Haustür erscheinen. Ich sage das, damit Sie sich nicht frustriert von dem bisher geschriebenen abwenden. Wenn Sie sich einen Sportwagen wünschen, dann müssen Sie diesen Gedanken beharrlich im Geiste behalten. Wie ein Baum zuerst eine kleine Pflanze ist, braucht es einwenig Zeit, damit er wächst und die Vögel in ihm nisten können. Ich sage jetzt auch nicht, dass Sie hundert Jahre auf den Wagen warten müssen. Aber ich sage, dass Sie nicht nach 6 Monaten aufgeben dürfen. Sie müssen beharrlich bleiben. Dann wird sich Ihr Wunsch erfüllen. Wenn Sie Ergebnisse haben möchten, müssen Sie dazu bereit sein, Ihr Unterbewusstsein solange zu beeinflussen, bis Sie bekommen, was Sie möchten. Auch wenn alles dagegen spricht, hören Sie nicht damit auf. Beharrlichkeit ist das Siegel der 3 Kräfte und das Geheimnis des Erfolges. Dieses Prinzip ist analog mit dem des Säens. Wenn man einen Baum pflanzen möchte, dann sät man zuerst einen Samen. Dieser Samen geht dann nach einiger Zeit in eine Pflanze auf. Diese Pflanze braucht dann einwenig Wasser und Zeit, um zu einem Baum heranzuwachsen. So ist es auch mit Ihren Zielen. Schmeißen Sie nicht nach 6 Monaten die Flinte ins Korn, sondern machen Sie solange weiter, bis sich Ihr Wunsch erfüllt hat. Stellen Sie sich vor, wie ärgerlich es wäre, wenn Sie donnerstags aufgeben würden und freitags Ihr Ziel erreicht hätten. Vertrauen Sie Ihren geistigen Fähigkeiten, es ist sicher. Sie müssen dem Ganzen nur Zeit geben. Bleiben Sie also beharrlich bis zum Ende. Dann steht Ihnen nichts mehr im Wege. Wenn Sie den Impuls zum Handeln von Ihrem Unterbewusstsein spüren oder Ihnen eine Idee kommt, dann verwirklichen Sie Ihren Traum mit aller Beharrlichkeit. Verwechseln Sie Beharrlichkeit nicht mit Willenskraft. Denn der Wille bewirkt das Gegenteil. Nein, Beharrlichkeit ist mehr der sanfte Tropfen, der den Stein höhlt.

Mit brachialer Gewalt kommen Sie nicht weit, aber mit Beharrlichkeit öffnen sich Ihnen alle Türen. Dieses Geheimnis ist so tief und umfangreich, dass Jesus darauf schon im folgenden Gleichnis mit aller Dringlichkeit hinwies.

Jesus sagte ihnen durch ein Gleichnis, dass sie allezeit beten und darin nicht nachlassen sollten: In einer Stadt lebte ein Richter, der Gott nicht fürchtete und auf keinen Menschen Rücksicht nahm. In der gleichen Stadt lebte auch eine Witwe, die immer wieder zu ihm kam und sagte: Verschaff mir Recht gegen meinen Feind! Lange wollte er nichts davon wissen. Dann aber sagte er sich: Ich fürchte zwar Gott nicht und nehme auch auf keinen Menschen Rücksicht; trotzdem will ich dieser Witwe zu ihrem Recht verhelfen, denn sie lässt mich nicht in Ruhe. Sonst kommt sie am Ende noch und schlägt mich ins Gesicht. Und der Herr fügte hinzu: Bedenkt, was der ungerechte Richter sagt. Sollte Gott seinen Auserwählten, die Tag und Nacht zu ihm schreien, nicht zu ihrem Recht verhelfen, sondern zögern?
Lukas 18, 2-7

Ich fragte einmal einen sehr erfolgreichen Außendienstmitarbeiter nach dem Geheimnis seines Erfolges. Er hatte seiner Firma innerhalb eines halben Jahres einen Umsatz von einer Million Euro verschafft. Dieses Ergebnis erzielte vorher niemand. Da ich neugierig war und erfahren wollte, ob er vielleicht unbewusst die Macht seines Geistes nutzt, fragte ich ihn, warum er so erfolgreich sei. Er gab mir ganz einfach zur Antwort, dass er solange die potenziellen Kunden besucht, bis sie ein Geschäft bei ihm abschließen. Sicherlich kann man sich nun darüber unterhalten, ob sich so etwas gehört. Aber er hat immerhin mit dieser Methode geschafft, was vorher noch keiner geschafft hatte. Das Besondere war, dass er vorher niemals den Job eines

Außendienstmitarbeiters ausgeübt hatte. Und doch war er in seiner neuen Firma sofort erfolgreicher als seine Kollegen, indem er eine Million Euro in die Firma brachte. Die einzige Eigenschaft, die dazu nötig war, war die Beharrlichkeit. Er besuchte seine Kunden solange, bis Sie sich wohl dachten: „ Ich achte zwar niemanden, und alle Menschen sind mir egal, aber ihm gebe ich ein Geschäft, sonst kratzt er mir noch die Augen aus“. Oder die Kunden dachten „Man, der bemüht sich so sehr um uns, geben wir ihm ein Geschäft!“ Und wenn schon ein böser Richter aufgrund einer quengelnden alten Frau nachlässig wird, wie sehr kommen Sie dann bei den netten Menschen voran?

Ich sage Euch: Und wenn er schon nicht aufsteht und ihm etwas gibt, weil er sein Freund ist, dann wird er doch wegen seines unverschämten Drängens aufstehen und ihm geben, soviel er bedarf. Und ich sage Euch auch: Bittet, so wird Euch gegeben; suchet, so werdet Ihr finden; klopfet an, so wird Euch aufgetan. Denn wer da bittet, der empfängt; und wer da sucht, der findet; und wer da anklopft, dem wird aufgetan.
Lukas 11, 8-10

Verachten Sie diese uralten Weisheiten nicht, und handeln Sie danach. Wenn Sie das tun, haben Sie die dritte Kraft harmonisiert und handeln als Einheit.

Zusammenfassung

1. **Wenn ein Gedanke keine Aktion erzeugt, dann gibt es auch keine Reaktion. Ohne Ursache keine Wirkung.**

2. **Thomas Huxley sagte, das Ziel des Wissens ist Handeln. Alles Wissen nützt nichts, wenn wir nichts daraus machen.**

3. **Machen Sie den Anfang. Denn der Anfang ist die Hälfte des Ganzen.**

4. **Angst hindert den Menschen daran, richtig oder überhaupt zu handeln. Angst lähmt und wirft in Ketten.**

5. **Die sinnlose Angst vor dem Handeln gründet sich auf zwei Grundpfeiler: Zweifel und Unentschlossenheit. Die Angst und ihre Kinder sind gegensätzlich zu den 3 Kräften. Es ist die andere Polarität, das Gegenteil.**

6. **Nutzen Sie die wirksamen Techniken aus diesem Buch, um Angst zu eliminieren.**

7. **Es ist am Ende schmerzhafter, nichts zu tun, als etwas zu tun, was uns anstrengend vorkommen mag. „Es kostet mehr Kraft, ein Leben in Armut zu ertragen, als die Anstrengung, im richtigen Moment zu handeln." Denken Sie darüber nach,**

was es Sie kosten kann, nicht zu handeln, wenn Sie Erfolg haben würden.

8. **Es gibt kein Versagen! Sie erhalten lediglich eine Information über Ihre Aktion. Dann wissen Sie, was Sie nächstes Mal anders machen müssen. Wenn der Pfeil rechts daneben ging, zielen Sie einfach ein anderes Mal mehr nach links.**
9. **Nutzen Sie die starke Kraft der Reflexe – Jetzt gleich –. Machen Sie es sich zur Gewohnheit, vor jeder Tat „Tue es" oder etwas Ähnliches zu sagen. Dieser kurze Satz wird dann später wirken, wie ein Startschuss aus einer Pistole.**

10. **Nutzen Sie diese Technik dazu, um wertvolle Gefühle wie Selbstbewusstsein oder Kreativität zu ankern. Dann sind Sie in der Lage, in jeder Situation über Ihre Gefühle zu bestimmen.**

11. **Seien Sie beharrlich, beharrlich, beharrlich, beharrlich, beharrlich, beharrlich. Geben Sie nicht auf, solange Sie Ihr Ziel nicht erreicht haben.**

Die Harmonie

Die wahre Macht liegt nicht in der Beherrschung des Äußeren, sondern in der Harmonie des Inneren.
Christoph Mittler-Coe

Wenn Sie alle drei Kräfte auf ein Ziel ausrichten, handeln Sie harmonisch. Dann gibt es keine inneren Konflikte mehr, die Ihnen Ihre wertvolle Energie rauben. Diese Harmonie im Inneren gibt Ihnen Macht, alles das zu tun, was Sie sich vorstellen können. Diese Erkenntnis ist enorm wichtig. Denn der Mensch ist ein dreieiniges Wesen. Die Erkenntnis, dass die wahre Macht im Geiste eines Menschen liegt. Die Technik, um diese Macht zu nutzen, nenne ich ganz einfach „Die 3 Kräfte“. Denn es gibt drei Bereiche, die bei jedem Menschen über Erfolg und Misserfolg, Reichtum und Armut entscheiden. Diese 3 Bereiche liegen normalerweise im Konflikt. Das Geheimnis des Erfolges ist es, ganz einfach diese drei Kräfte zu synchronisieren und damit innere Harmonie zu schaffen. Diese innere Harmonie macht unser ganzes Handeln und Auftreten kongruent. Das bedeutet, dass sie als Einheit von Seele, Geist und Körper handeln. Und egal, was Sie bis jetzt an Erfolgsrezepten oder Religionen gelesen, gesehen oder gehört haben, alle zielen nur auf den Zustand dieser inneren Harmonie hin. Die Harmonie der drei Kräfte. Alle Techniken, von denen Sie bis jetzt gehört haben oder noch hören werden, basieren auf dem Prinzip der drei Kräfte. Jede Wissenschaft oder Technik zur Beeinflussung des menschlichen Geistes basiert auf dieser Technik. Es geht immer erst darum, das Bewusstsein zu aktivieren (erste Kraft), indem Sie ein Problem analysieren und Informationen in Ihrem Geist aufnehmen und Ihren Glaubensansatz daran ausrichten. Dann folgt die gezielte Beeinflussung des Unterbewusstseins (zweite Kraft) durch

Suggestionen, Imagination und wiederholten Handlungen (Bräuche, Zeremonien etc.). Die Ausrichtung der beiden Naturen auf ein Ziel soll das kongruente Handeln (dritte Kraft) hervorbringen. Dann kommt es darauf an, das Richtige im richtigen Moment beharrlich zu tun, bis das gewünschte Ergebnis eintritt. Durch jede Aktion lösen wir, gemäß der Chaostheorie, Kausalitätsketten aus, die wieder nach dem Gesetz der Analogie als Reaktion zu uns zurückfinden. Dabei ist es wichtig, sich von schädlichen Einflüssen wie negativen Gedanken und Angst zu schützen. Wenn Sie diese Reihenfolge einhalten und nicht versuchen, mit dem menschlichen Willen zu arbeiten, dann wird Ihnen alles möglich sein. Und jede Methode, um Menschen zu helfen, versucht im Grunde genommen nichts anderes, als diese synchrone Einheit zwischen Körper, Geist und Seele zu schaffen. Das Prinzip ist immer dasselbe, ganz gleich ob es NLP, Hypnose, Psychologie oder Religion ist. Auch die Richtung des positiven Denkens arbeitet mit den drei Kräften. Das Gute an der Erkenntnis unserer Erfolgstheorie ist, dass Sie gar nicht mehr wissen müssen, als ganz einfach das, was in diesem Buch steht. Denn alles funktioniert nach demselben Muster. Natürlich werden manche Begriffe gerne durch wohlklingende wissenschaftliche Namen ersetzt, um daraus eine komplizierte Wissenschaft zu machen, damit Sie Dummer auf jeden Fall studierte Fachleute für Ihren Seelenfrieden anheuern, die Sie dann kräftig zur Kasse bitten werden. Aber das ist überhaupt nicht nötig. Denn sehen Sie, was bei der Hypnose passiert. Zunächst muss der Klient an die Hypnose glauben. Dann werden ihm bestimmte bildhafte Vorstellungen zur Beeinflussung des Unterbewusstseins eingegeben, die dann eine bestimmte Handlung auslösen. Der Unterschied ist nur, dass es sich bei dieser Methode um Heterosuggestion durch eine zweite Person handelt, und bei dem Prinzip der drei Kräfte geben wir uns diese Suggestionen einfach selber. Im Grunde ist es bei der

Hypnose auch der Klient, der die Veränderung hervorruft und nicht der Hypnotiseur. Der Hypnotiseur gibt seinen Klienten nur die Bilder vor, die sein Klient sich im Geiste ausmalt und glauben soll. Jede Hypnose ist im Grunde Selbstbeeinflussung nach dem Prinzip der drei Kräfte. Im Neuro-Linguistischen-Programmieren ist es genau dasselbe. Bei dieser Wissenschaft geht auch darum, Bilder im Geiste zu erzeugen, die das Unterbewusstsein beeinflussen, um Änderungen zu bewirken. Eine ganz wichtige Rolle spielt dabei das Thema Glaubenssätze. Ein Klient dieser Richtung wird oft aufgefordert, sein Problem zu analysieren (erste Kraft) und ein Ziel oder einen Wunschzustand zu analysieren. Darauf folgen meistens bestimmte Imaginationsübungen. Diese Übungen werden dann mit wissenschaftlichen Begriffen bezeichnet. Man arbeitet dann oft mit Submodalitäten, also mit bestimmten Elementen in der bildhaften Vorstellung, um das Unterbewusstsein zu beeinflussen. Auch die Religion arbeitet unbewusst mit den drei Kräften. Sie müssen etwas glauben, dann verändern Sie sich, dann verändert sich Ihre Welt. Sie fühlen sich wohler. Dabei werden auch bestimmte Handlungen immer wieder wiederholt. Sie können sicher sein, dass kein Manager, der tausende Dollar für ein Anthony Robbins Seminar (ein bekannter Erfolgscoach aus den USA) ausgibt, etwas mehr für sein Geld bekommt als nach diesem Prinzip. Auch hier gibt es wieder andere Namen für bestimmte bekannte Dinge. Zum Beispiel wird hier die Autosuggestion als transformatorisches Vokabular™ bezeichnet. Bei dieser Technik geht es darum, bestimmte Elemente seiner Alltagssprache zu verändern, um das Bewusstsein zu verändern. Anstatt „ich bin richtig sauer“ soll man „ich bin ein wenig verärgert“ sagen. Dabei ist diese Technik nichts anderes als Autosuggestion. Denn alles, was wir sagen, ist Autosuggestion. Wenn Sie mehrmals am Tag „mir geht es sehr gut“ sagen, wenn Sie jemand danach fragt, dauert es bestimmt nicht lange, bis sich der erwünschte Zustand einstellt.

Glauben Sie mir, Sie brauchen für Ihr Leben wirklich nicht mehr Wissen als das ganz einfache Prinzip „die 3 Kräfte“. Wenn Sie nämlich diese Erkenntnis haben, kennen Sie alles, was nötig ist. Jede noch so abenteuerlich klingende Methode, die Ihnen ein neues Leben verspricht, teilt Ihnen nur besser oder schlechter dieses Geheimnis mit. Ich möchte auf keinen Fall andere Methoden mit dieser Einsicht herabsetzen, ganz im Gegenteil. Ich nenne sie sogar wichtig. Für mich ist wichtig, Ihnen das Grundmuster zu vermitteln, damit Sie es für sich einsetzen können. Denn wenn Sie das Grundmuster verstanden haben, sind Sie in der Lage, es perfekt und meisterhaft anzuwenden. Warum sollten Sie sich mit überflüssigen Markennamen belasten, die Ihnen nicht weiterhelfen? Warum sollten Sie Begriffe wie Metaprogramm, Internales Repräsentationsystem oder Neuroassoziative Konditionierung™ auswendig lernen? Wenn Sie das Prinzip der drei Kräfte kennen, dann wissen Sie, was zu tun ist, und Sie wissen, dass Gewohnheiten unseren Charakter beeinflussen, ohne dass Sie dabei den Begriff Neuroassoziative Konditionierung™ kennen müssen. Wenn Sie das Grundmuster kennen, werden Sie auch leicht erkennen, dass alles bisher Bekannte auf einem Prinzip beruht. Aber für dieses Prinzip gab es schon immer abenteuerliche Namen. Einen Namen unserer Technik möchte ich Ihnen gerne noch nennen. Haben Sie schon mal in ein Buch für Magie geschaut? Wenn Sie mal nachlesen, wie Magie funktionieren soll, dann kommen Sie aus dem Staunen nicht mehr heraus. Der Glaubenansatz ist der gleiche wie unser, nämlich, dass alles aus einer bestimmten Energie besteht, die sich beeinflussen lässt. Auch das ist analog zu vielen anderen Theorien. Die Spiritisten nennen es Geist, die Physiker Energieteilchen, Materie oder Energie. Auf jeden Fall kann der Magier Einfluss auf die Realität nehmen, indem er Folgendes macht. Er muss wissen, was er haben will und daran glauben (erste Kraft). Zudem spricht er Formeln und führt rituelle Handlungen durch, bei denen er sich intensiv das Gewünschte bildhaft vorstellt, um die Realität zu beeinflussen (zweite Kraft). Dann wartet er ohne jeden Zweifel beharrlich auf ein Ergebnis (dritte Kraft). Auch hier geht es im Prinzip darum, dass sich das, was wir uns vorstellen können, verwirklichen lässt. Wenn man wirklich alle psychologischen, neurologischen, religiösen und magischen Techniken in einem Satz zusammen fassen wollte, dann würde er so lauten:

„Jede bildhafte Vorstellung möchte sich verwirklichen“

Und mit dieser Technik haben Menschen bis heute alle möglichen Dinge geschafft. Manche wurden zu Millionären, Unternehmern, selbstständig, Filmschauspieler, Buchautoren oder Popstars. Wieder andere wurden geheilt, konnten wieder gehen. Mit der Synchronisierung der drei Kräfte können Sie alles erreichen, was Sie sich vorstellen und glauben können. Es ist alles möglich. Mein Ziel ist es, Ihnen das Grundmuster dieses Geheimnisses zu verraten, damit Sie einen Weg aus der Arbeitslosigkeit finden, um Ihr einmaliges, wertvolles Leben zu genießen zu können. Ich will Ihnen zeigen worauf es ankommt, damit Sie diese Technik selbst reproduzieren können und nicht auf irgendjemanden, außer sich selbst, angewiesen zu sein. Sie brauchen niemanden, nur sich selbst. Es ist eine Kleinigkeit, nur einen neuen Job zu finden mit den Techniken aus diesem Buch. Das ist der Grund, warum ich dieses Buch schreibe. Ich kann es nicht mehr sehen, dass Menschen unter Arbeitslosigkeit leiden müssen. Das Problem ist immer nur, dass die meisten Menschen auf irgendetwas warten. Das ist falsch. Sie müssen etwas tun und es ist ganz einfach. Wenn Sie nicht selbst denken oder handeln, dann tun andere es für Sie.

Im Folgenden werde ich Ihnen noch mal auf die einfachste Weise zusammenstellen, wie Sie die Macht der drei Kräfte nutzen können, um eine neue Arbeit zu finden.

Zunächst aktivieren Sie die erste Kraft. Machen Sie sich bewusst, dass Sie ein von Gott und den Menschen gegebenes Recht haben, zu arbeiten. Sie haben sogar die Pflicht dazu. Der Weg des Segens, des Gebens und Nehmens, liegt im Dienen. Der Mensch muss eine Tätigkeit ausüben, die ihn erfüllt und von der er leben kann. Denken Sie darüber nach, was Sie tun möchten. Möchten Sie selbstständig sein? Oder möchten Sie gerne eine bestimmte Tätigkeit ausführen? Formulieren Sie sich ein Ziel und schreiben Sie es auf. Nehmen wir als Beispiel mal jemanden, der gerne als Verkäufer angestellt werden möchte. Er sollte sich das Ziel formulieren „am Ende des Jahres arbeite ich in einem tollen Unternehmen als Verkäufer." Jetzt kommt es darauf an zu glauben. Er muss glauben, dass er mit Hilfe seines Unterbewusstseins in die Lage kommen wird, sein Ziel zu erreichen. Um mentale Energie zu gewinnen, sollte er möglichst viele positive Dinge mit einer neuen Arbeitsstelle verbinden. Machen Sie sich eine Liste, in der Sie alle positiven Dinge einer neuen Arbeit auflisten. Dann vergegenwärtigen Sie sich alle negativen Aspekte, arbeitslos zu sein. Ich denke, Ihnen fallen genug negative Seiten der Arbeitslosigkeit ein und dass ich darauf getrost verzichten kann, Ihnen welche vorzugeben. Sie sollten also über ein Blatt Papier verfügen, auf dem Ihr Ziel schriftlich formuliert ist, zusammen mit einer Liste positiver Dinge, die sich bei Erreichen des Ziels einstellen. Auf demselben Blatt sollten auch ganz klar die Dinge stehen, die für Sie in der jetzigen Situation schlimm sind oder schlimmer werden könnten. Wenn Sie etwas daran hindert, ein Ziel zu erreichen, stellen Sie sich die Frage: „Was hindert mich daran, mein Ziel zu erreichen?" und dann, „was kann ich dagegen tun?" Sobald Sie sich diese

Frage gestellt haben, wissen Sie, welches Unterziel Sie erreichen müssen, um etwas Großes zu erreichen. Damit haben Sie sich das Fundament der bildhaften Vorstellung geschaffen, was uns zur weiteren Verwendung noch nützlich sein wird. Diesen Zettel bewahren Sie einfach irgendwo auf. Am besten so, dass Sie hin und wieder drauf schauen können.

Nun geht es darum, Ihr Unterbewusstsein davon zu überzeugen, dass Sie bereits schon diese neue Arbeit haben. Der erste Schritt ist, sich ein mentales Bild zu schaffen, wie es ist, in dem neuen Job zu arbeiten und dabei die vielen positiven Dinge zu erleben, die Sie sich aufgeschrieben haben. Zu solch einem Bild könnte gehören, dass unser Verkäufer sich vorstellt, wie er seine Kunden berät und diese ihm dafür sehr dankbar sind. Er stellt sich vor, wie er morgens zur Arbeit fährt und wie er seinen Kredit endlich wieder zurückbezahlen kann. Sobald Sie sich ein Bild schaffen konnten, machen Sie es größer, heller, farbiger. Achten Sie auch darauf, die Geräusche und Gefühle dabei wahrzunehmen. Beanspruchen Sie, dass diese Bilder wahr sind. Auf einer bestimmten geistigen Ebene sind diese Bilder nämlich wahr. Glauben Sie fest daran, dass diese Bilder wahr sind und fühlen Sie sich auch so, als ob es tatsächlich schon alles Wirklichkeit ist. Dadurch geben wir unserem Unterbewusstsein eine äußerst lebhafte Vorstellung. Jede bildhafte Vorstellung möchte sich verwirklichen und Ihr Unterbewusstsein wird anfangen, zu arbeiten. Es ist so, als ob Sie ein kleines Samenkorn in die Erde setzen. Je realer und plastischer Sie sich diese Bilder vorstellen, desto schneller wird die Pflanze wachsen. Für diese Bilder sollten wir uns am Tag Zeit nehmen. Am besten ist die Zeit abends vor dem Einschlafen. Als nächstes geht es darum, den Samen zu bewässern und unsere inneren Programme zu verändern. Das machen wir mit der Autosuggestion. Nach einiger Zeit der Anwendung werden sich Einstellung und Verlangen zu unseren

Gunsten verändern. Die Imaginationen werden dadurch gestärkt und der Glaube fester werden. Durch die Veränderung der inneren Programmierung ändert sich auch die Schwingung auf andere Menschen und unser Glaubenssystem verändert sich. Außerdem wird die Wahrnehmung auf bestimmte Dinge, die für uns wichtig sind, fokussiert. Sie werden in der Lage sein, überall Chancen und Möglichkeiten zu entdecken und diese blitzschnell zu bewerten. Um diesen Prozess einzuleiten, verwenden Sie die unten genannten Suggestionen zwei Mal täglich je 20 Mal. Diese Suggestionen sollten Sie Ihr Leben lang anwenden, um auch auf längere Hinsicht gesund und erfolgreich zu bleiben, um die Wirkung mehr und mehr zu potenzieren.

- Es geht mir mit jedem Tag und in jeder Hinsicht immer besser und besser.
- Ich werde mit jedem Tag in jeder Beziehung immer reicher und reicher.
- Ich bin reich, ich habe Erfolg. Ich werde jetzt aufsteigen.
- Ich bin erfolgreich. Ich bin auf dem besten Weg zu größerem finanziellen Erfolg und Unabhängigkeit.

Sie können sich auch gerne eine eigene Suggestion dazu nehmen, wenn es etwas gibt, was Ihnen besonders am Herzen liegt. Sie können mit der Autosuggestion auch viele andere Dinge erreichen. Nehmen Sie Gewicht ab, hören Sie mit dem Rauchen auf, oder werden Sie humorvoller. Alles ist möglich. Es gibt nur die Grenze Ihrer Vorstellung, mehr nicht. Wenn Sie also der Meinung sind, dass Sie erstmal vom Alkohol loskommen möchten, sagen Sie sich einfach: „Ich trinke nicht und darauf bin ich stolz“ oder „es ist wichtig für mich, mich um meinen Körper zu kümmern. Ich halte mich fit und fühle mich gut.“ Oder „Alkohol ist mir vollkommen gleichgültig“. Bei der ganzen Sache ist die Wiederholung eine entscheidende Sache. Sie müssen diese Gedanken zur Gewohnheit machen. Die einzige Arbeit, die Sie haben, ist es gezielt und wiederholt zu denken. Wenden Sie die Technik der Autosuggestion und Imagination ständig an. Die Kraft können Sie noch verstärken, indem Sie sich dazu in einen entspannten Zustand bringen. Je entspannter man ist, desto weiter öffnet sich das Unterbewusstsein. Sie können diese beiden Übungen auch in einer Sitzung verbinden. Richten Sie es sich so ein, wie es Ihnen am besten passt. Wichtig ist nur, dass Sie die Übungen beharrlich machen und daran glauben. Um Ihr Unterbewusstsein noch stärker zu beeinflussen, nutzen Sie die Hypnosetechnik aus diesem Buch. Mit dieser Technik gelingt es Ihnen, die darin enthaltende Suggestion nachhaltig ins Unterbewusstsein zu prägen, ohne vorher abgeschwächt zu werden. Wenn Sie alle diese Techniken anwenden, erzeugen Sie ein sehr starkes geistiges Gefälle und Ihr Unterbewusstsein wird darauf sehr schnell reagieren und in Aktion treten. Sie fangen an, vermehrt positiv zu denken und haben übermäßig viele Ideen. Es tauchen oft Bilder und Impulse auf, die Ihnen eine Richtung weisen. Sobald Sie sich mit einer Richtung identifizieren können, stellen Sie sich die Frage, ob Sie alles haben, um dieses Ziel zu erreichen. Wenn etwas fehlt, dann haben Sie ein Unterziel. Spielen Sie dann alle positiven Aspekte durch, die Sie durch Erreichen Ihres Ziels erlangen werden. Denken Sie ebenso an die negativen Seiten, was passiert, wenn Sie nichts tun, um Ihr Ziel emotional aufzuladen. Und jetzt müssen Sie handeln, „tu es“. Dann sind Sie auf dem richtigen Kurs angelangt. Wie gesagt, fängt jede große Reise mit einem Schritt an und jedes Buch mit einem Buchstaben. Der Anfang ist die Hälfte des Ganzen. Gleiten Sie ohne willentliche Anstrengung ganz einfach auf Ihren Weg dahin und lassen es geschehen. Sie müssen loslassen. Denken

Sie daran, je verzweifelter Sie etwas unbedingt wollen, desto mehr entfernt es sich von Ihnen. Lassen Sie los und gleiten Sie einfach dahin.

Dieses harmonische Handeln geht absolut konform mit allen Naturgesetzen, die es gibt. Sie arbeiten im Einklang und Rhythmus mit den geistigen Gesetzen. Denn die ganze Welt funktioniert in einer bestimmten Harmonie. Das Herz schlägt in einem gleichmäßigen Rhythmus. Das Meer hat Ebbe und Flut. Es wird Tag und Nacht. Sie betten sich mit unserer Technik einfach in den Fluss des Lebens ein und lassen Sich von der richtigen Strömung an Ihr Ziel bringen. Im harmonischen Einklang zu handeln, ist extrem wichtig. Auch aus dieser Erkenntnis lässt sich für Sie Kapital schlagen. Im zweiten Teil dieses Buches werde ich Ihnen zeigen, wie Sie mit Hilfe dieser Gesetze die Menschen um sich herum beeinflussen können. Denn damit Ihr Unterbewusstsein seine Ziele verwirklichen kann, braucht es alle möglichen Informationen, und da kann es nicht schaden, zu wissen, wie Sie mit anderen Menschen in Harmonie leben können, nicht nur das, sondern auch, wie andere Menschen mit Ihnen in Harmonie leben können. Haben Sie den Unterschied bemerkt? Erst fügen Sie sich ein, und danach richten sich die anderen an Ihnen. Im weiteren Verlauf dieses Buches gebe ich Ihnen noch diese und andere Informationen. Nämlich, wie Sie die geistigen Gesetze noch ausnutzen können, um andere auf Ihre Seite zu bringen. Ich denke, beim zukünftigen Personalchef kann das von Vorteil sein, stimmt´s?

Viele von Ihnen haben sich wahrscheinlich schon gefragt, warum ist das eigentlich so? Wieso verwirklichen sich meine Vorstellungen eigentlich? Dazu gibt es alle möglichen Theorien. Es gibt esoterische Erklärungen, die sagen, der Mensch sei Gott. Es gibt wissenschaftliche Theorien, die versuchen, dieses Phänomen mit Energie (siehe Relativitätstheorie) zu erklären und viele weitere. Ich bin der Meinung, die brauchen Sie übrigens nicht zu teilen, da, wie es in der Bibel steht, Gott den Menschen nach seinem Bilde geschaffen hat. Da Gott auch alles verwirklicht, was er sich vorstellt, ist die Tendenz beim Menschen auch gegeben. Natürlich in einem sehr kleinen Maßstab, aber genug, um uns ein gutes Leben zu ermöglichen. Ich komme darauf, weil ich festgestellt habe, dass man am Besten im Einklang mit den göttlichen Gesetzen lebt. Man bleibt von Vielem verschont und kann sich daran orientieren. Mit dem Gebot zur Arbeit, zum Beispiel, gehen nicht nur Pflichten sondern auch Rechte hervor. Gott hat den Menschen befohlen zu arbeiten. Wie ich am Anfang schon einmal erwähnt habe, gibt Ihnen genau dieser Befehl auch das Recht zu arbeiten. Niemand kann Ihnen das Recht verweigern, Ihren Lebensunterhalt zu verdienen. Dass heißt übrigens arbeiten. Adam musste als Konsequenz im Schweiße seines Angesichtes den Acker bearbeiten, um sich ernähren zu können. Ich bin zu hundert Prozent davon überzeugt, dass einem dieser Befehl immer und überall das Recht auf Arbeit gibt. Das ist ein Recht von oben. Daher kann jeder, der will, arbeiten, ohne Ausnahme. Wer zu Gott sagt, ich will Deinem Gebot Folge leisten zu arbeiten, der wird, egal wo auf der Welt, eine Möglichkeit finden, seinen Lebensunterhalt zu bestreiten. Warum sieht es dann in der Welt so anders aus? Das liegt an der Struktur, wie wir unsere Wirtschaft organisiert haben. Früher waren wir oft von nur einem Arbeitgeber stark abhängig. Wer früher als Knecht beim Bauern arbeitete, der lebte dort auch und hatte sein Bett dort stehen. Es war nicht so einfach, alles zurückzulassen. Oder wenn jemand am Hofe eines Königs gebunden war, konnte dieser sich auch nicht so einfach davonmachen. Heute sieht das schon anders aus. Wir können uns theoretisch aussuchen, wo wir arbeiten wollen und könnten auch eigentlich die Arbeitsstelle einfach wechseln, wie es uns passt. Das passt aber nicht in unser kapitalistisches System. Denn dort muss es ein Gegengewicht zum Arbeiter geben. Dieses Gegengewicht ist der Arbeitslose und die Angst davor, einer zu sein. So hat die Hierarchie im Unternehmen ein Druckmittel in der Hand, um den Arbeiter zu mehr Leistung zu bringen. Je höher die Arbeitslosigkeit ist, umso mehr Macht hat die Wirtschaft. Deshalb hören Sie auch so oft Sprüche wie: „ Jeder ist zu ersetzen“, oder man hört sehr oft „Es gibt Millionen Arbeitslose“. Schlimm für den, der es glaubt. Denn es wird dem Arbeiter damit Angst gemacht, seine Arbeit zu verlieren, wenn er nicht dies oder das tut. Die Konsequenz aus der Arbeitslosigkeit ist sehr häufig Armut, was einen aus dem kapitalistischen Kreislauf ausschließt. Doch die Angst, seine Arbeit zu verlieren, ist vollkommen unbegründet, wenn man weiß, dass es ein von Gott gegebenes Recht ist, zu arbeiten. Wenn der Arbeiter in seinem Unternehmen aber sicher wäre, sofort eine neue Arbeit zu bekommen, dann würde er auf die Aufforderung, mehr unbezahlte Überstunden für das Unternehmen zu machen, wahrscheinlich nur mit einem verständnislosen Grinsen antworten. Das Unternehmen müsste fortan diese Leistung besser entlohnen. Wie Sie sehen, braucht die Wirtschaft das Druckmittel der Arbeitlosen sehr und hat auch großes Interesse daran, dieses Mittel zu behalten. Ich sage Ihnen, das ist Unsinn. Alleine schon, dass viele Menschen dieser Lüge glauben geschenkt haben, hat sie arbeitslos gemacht. Es ist Gottes Wille, dass Sie arbeiten und das kann Ihnen kein Mensch verwehren.

Damit möchte ich jetzt auch den ersten Teil dieses Buches schließen. Sie haben damit alles, was Sie brauchen, um den Kreislauf der Arbeitslosigkeit zu zerbrechen. Es liegt jetzt nur an Ihnen, ob Sie das anwenden oder nicht. Wenn nicht, sind Sie selber schuld und handeln auch noch gegen diese Aussage.

Sechs Tage sollst du arbeiten und alle deine Tätigkeiten verrichten
Ex 20,9

Dieses Gebot verpflichtet Sie gerade dazu zu arbeiten. Dieses Gebot zu ignorieren, würde Sie in Disharmonie mit Ihrer Umwelt bringen. Ein Mensch, der nicht arbeitet, nimmt nur Energie auf, gibt aber keine mehr ab. Die Harmonie der Natur ist aber ganz anders. Jedes Lebewesen nimmt Energie auf und gibt diese wieder weiter. Die Biene, zum Beispiel, nimmt die Pollen auf und produziert daraus später Honig. Alles hat einen bestimmten Zweck, und alles lebt in Harmonie zusammen. Die Tatsache, dass ein Mensch nicht arbeitet, führt dazu, dass er nicht in Harmonie mit seiner Umwelt lebt. Das führt dazu, dass er letztendlich eingeht. Verzeihen Sie mir, dass ich das so deutlich sage. Aber es ist so. Wenn man analog dazu einen Schaltkreis betrachtet, würde ein Mechaniker den Widerstand entfernen müssen, wenn dieser seinen Dienst versagen und die empfangene Energie nicht weiterleiten würde. Der Schaltkreis wäre dann nämlich gestört und alle anderen Teile würden darunter leiden müssen, da die fehlende Energie kompensiert werden muss und das ganze System dadurch überlastet ist. Genauso ist es mit einer Gemeinschaft. Beobachten Sie das mal, dass Menschen, die keiner Arbeit nachgehen, meistens krank werden oder sich in Rauschmittel flüchten, die wiederum zur Krankheit führen. Lassen Sie sich also niemals mehr von jemandem sagen, Du wirst keine Arbeit haben. Denn das ist Ihr Recht und Ihre Bestimmung. Dieses Buch gibt Ihnen alle Werkzeuge an die Hand, die nötig sind, um wieder ein vernünftiges Leben zu führen. Das Handeln nach den drei Kräften bringt Sie und Ihr Handeln in Harmonie. Alles, was Sie sich vorstellen können, können Sie auch erreichen. Dass Sie neue Arbeit finden und gut davon leben können, ist da nur das Mindeste. Sie werden sich wundern, wie einfach alles auf einmal geht, wenn Sie die Prinzipien aus diesem Buch anwenden. Diese Techniken habe ich keinesfalls erfunden oder entdeckt. Sie waren in der einen oder anderen Art schon immer da und liegen in der Natur des Menschen. Nur, wir haben sie meistens nur zu unserem Nachteil genutzt. Jetzt ist es Zeit für Sie, mal die Vorteile der Gesetzesmäßigkeiten zu erfahren. Sie fangen jetzt damit an, diese für Ihre Zwecke zu gebrauchen. Der Schlüssel dazu ist das Wissen. Erst mussten Sie die Gesetze kennen, dann lernen diese anzuwenden. Sie haben nun alles in der Hand, ihr Leben zu verändern, jetzt! Fangen Sie damit an, endlich Ihre Wünsche zu verwirklichen und verschwenden Sie nicht mehr Ihre Zeit damit, in Disharmonie mit den Naturgesetzen zu leben. Den Kürzeren zieht dabei zum Schluss immer der Mensch. Er bezahlt das häufig mit seinem Seelenfrieden und körperlicher Gesundheit. Die Folgen sind entsetzlich. Sie wissen jetzt aber, was richtig ist und was zu tun ist. Nutzen Sie die Macht Ihres Gehirns, dieser unglaublich komplexen Maschine, die aus Milliarden Neuronen besteht, Milliarden kleiner Helfer. Sie wissen jetzt, wie Sie diese Helfer aktivieren. Fortan sind Sie in der Lage, mit Ihrem Gehirn zusammenzuarbeiten, anstatt immer hin und her gerissen zu werden. Sie handeln als unschlagbare Einheit, weil Sie die Dualität des Geistes verstanden haben. Sie können das jetzt dazu benutzen, um sich Ihre Wünsche zu erfüllen. Ich habe die erstaunlichsten Veränderungen an Menschen erlebt, die anfingen, mit als harmonisch kongruente Einheit zu handeln. Jetzt sind Sie dran. Wenn Sie die Techniken aus diesem Buch anwenden, bin ich mir sicher, dauert es nicht lange und Sie werden nur noch mit einem Lächeln an die heutige Zeit zurückdenken. Ich bin mir dieser Methode so sicher, dass ich behaupte, dass jeder, egal wer, damit Erfolg haben wird. Genauso wie ich weiß, dass ein Stück Holz auf Wasser schwimmt. Es kann ja gar nicht anders. Jeder Mensch, der die Macht des Geistes wie es hier beschrieben steht, hat, wird erfolgreich sein. Das ist genauso sicher, wie das Wasser bei null Grad gefriert.

Damit Ihr Unterbewusstsein aber optimal arbeiten kann, braucht es Informationen. Damit Sie nicht erst durch viel Arbeit an die richtigen Informationen kommen, habe ich noch einen zweiten Teil in diesem Buch zusammengetragen. Dort finden Sie nicht nur Informationen, die Ihnen das Erreichen Ihrer Zeile erleichtern, sondern auch Strategien, wie Sie die geistigen Gesetze auch dazu ausnutzen können, damit andere Menschen Ihnen beim Erreichen Ihrer Ziele helfen werden. Dazu gebe ich Ihnen noch einige Tipps, wie Sie Bewerbung und Vorstellungsgespräch gestalten sollten. Somit haben sie den letzten Schliff erhalten und haben nun wirklich alles, um bald wieder im Arbeitsleben zu stehen.

Zusammenfassung

1. **In allen Erfolgsmethoden und Religionen lässt sich das Prinzip der 3 Kräfte erkennen. Die 3 Kräfte sind die Basis allen Erfolgs.**

2. **Stimmen Geist, Unterbewusstsein und unser Handeln überein, handeln wir harmonisch. Wir dann sind kongruent. Alles strebt nach Harmonie und harmonischem Handeln.**

3. **Der Mensch ist Gottes Ebenbild und hat im bestimmten Maße die gleichen Eigenschaften.**

4. **Sie wissen jetzt alles, was Sie wissen müssen, um die geistigen Gesetze zu Ihrem Vorteil zu nutzen.**

5. **Sie haben immer und überall auf der Welt nicht nur das Recht auf Arbeit, sondern auch die Pflicht dazu. Es ist das Schicksal des Menschen.**

6. **Ein Mensch, der nicht arbeitet, steht in Disharmonie zu seiner Umwelt und geht unweigerlich zu Grunde.**
7. **Sie haben alles, was Sie brauchen.**

Teil II

Der letzte Schliff

Manipulation

Wenn ein Mensch den Mund aufmacht, um mit einem anderen zu reden, hat er nur eines im Sinn: Er will ihn manipulieren.
Josef Kirschner

Manipulation ist ein negativ behafteter Begriff. Doch Manipulation ist etwas vollkommen Alltägliches. Denn jede Kommunikation ist Manipulation. Setzen Sie sich doch mal zu jemanden vollkommen Fremden auf die Parkbank. Verletzen Sie dabei ruhig seine Individualdistanz und schauen, was passiert. Vielleicht wird Sie der Mensch anschauen, seine Sitzhaltung verändern oder sogar weiter von Ihnen wegrücken. Sie haben den Menschen manipuliert. Wenn Sie etwas zu jemandem sagen, möchten sie auch etwas damit bezwecken. Das ist Manipulation. Wir möchten also Menschen dazu bringen, etwas Bestimmtes zu tun. Mehr nicht. Vergessen Sie erstmal alle dunklen Bilder von Gehirnwäsche und Folterhypnose, die Sie mit diesem Begriff verbinden. Manipulation ist nichts anderes als zielgerichtete Kommunikation. Jeder Verkäufer hat in seinem Gespräch das Ziel, etwas Bestimmtes zu verkaufen. Dabei versucht er, den Käufer dahingegen zu manipulieren, das auch zu tun. Wenn Sie jemanden bitten, Ihnen die Uhrzeit zu sagen, verfolgen Sie auch damit ein bestimmtes Ziel. Sie bringen mit Worten einen anderen Menschen dazu, etwas für Sie zu tun, zu handeln. Er sagt Ihnen die Uhrzeit. Sie haben diesen Menschen manipuliert. Natürlich gibt es auch eine höhere Form der Manipulation, Menschen zu etwas zu bringen, was Sie nicht wollen. Aber das soll uns hier im Moment weniger interessieren. Interessieren soll uns eher, Menschen dazu zu bringen, uns zu helfen. Ob diese Person das will, weiß sie vielleicht nur noch nicht. Insbesondere soll uns das Thema

Manipulation im Zusammenhang mit Arbeit und dem dazu gehörigen Umfeld beschäftigen. Dazu gehören Personalchefs, Firmeninhaber und zukünftige Kollegen, alles Menschen, die Ihnen dabei behilflich sein können, eine bestimmte Stelle zu bekommen oder in dieser erfolgreich zu sein. Häufig zählt gar nicht, wie gut man eine Arbeit macht, sondern wie gut man sich mit den Menschen in diesem Umfeld versteht. Zum Beispiel kann der Fehler einer unbeliebten Person andere Konsequenzen haben als einer, die im Betrieb beliebter ist. Es geht also darum, zu den Menschen in seiner Umgebung gezielt eine Beziehung zu etablieren. Diese Beziehung nennen wir in der Fachsprache Rapport. Das Ziel unserer Kommunikation muss zu allererst der Rapport sein. Das hilft Ihnen später nicht nur beim Personalchef weiter, sondern auch als Verkäufer. Wenn Sie Rapport zu einem Käufer haben, wird es wesentlich leichter sein, ihm ein Produkt zu verkaufen. Unsere Manipulation sollte also das Ziel haben, eine Beziehung zum Kommunikationspartner aufzubauen.

Jetzt kommt häufig der Einwand, Manipulation ist moralisch nicht vertretbar. Da haben Sie Recht! Ich bin genau der gleichen Meinung. Aber die Realität sind ganz anders aus. Sie werden von morgens bis abends ohne Unterlass manipuliert. Und zwar von Unternehmen. Sie werden ständig von diesen mit Werbung manipuliert. Andauernd versucht man, Sie zu etwas zu bringen. Kaufen Sie das oder lassen Sie das. Bringen Sie Ihr Geld hierhin usw. Auch im Job werden Sie gezielt manipuliert, indem man Sie mit falschen Informationen füttert, um das Ziel Leistungssteigerung zu erreichen. Wie an anderer Stelle erwähnt, geht die Werbung sogar gezielt an das Unterbewusstsein. Die Unternehmen kennen schon längst die Gesetze, nach denen der menschliche Geist funktioniert. Das geschieht dann häufig durch direkte oder indirekte Suggestionen an das Unterbewusstsein. Als Beispiel hatten wir schon mal den Werbeslogan von McDonalds „ich liebe es". Ein schöner Ohrwurm, der zum Mitsingen einlädt. Überall im Restaurant und auf Plakaten und im Radio ist dieser Slogan zu hören, mit dem Ziel, unser Unterbewusstsein zu beeinflussen. Das ist ganz klar Manipulation auf höchster Ebene. „Ich liebe es", ist eine Autosuggestion, was glauben Sie, was das bewirkt? Es gibt noch andere Beispiele „Otto find ich gut" oder „mein RTL". Es gibt noch viel mehr. Die Suggestion ist Manipulation auf unbewusster Ebene. Jemand, der die Gesetze des Unterbewusstseins nicht kennt, ist dieser Manipulation hilflos ausgeliefert und wird zum Spielball der Wirtschaft. Das Fatale dabei ist, er glaubt, alles aus freiem Willen zu tun. Eine Suggestion soll eine bildhafte Vorstellung erzeugen. Diese wird dann vom Unterbewusstsein als Auftrag angenommen. Die Autosuggestion ist in dem Sinne eine indirekte Suggestion, die als solche nicht auf den ersten Blick zu erkennen ist. Die Werbung strotzt aber geradezu auch von direkten Suggestionen. Sehr oft hören Sie „rufen Sie an", „kaufen Sie jetzt". Das sind direkte Befehle. Diese werden normalerweise durch unser Bewusstsein gefiltert und außer Kraft gesetzt. Was passiert aber, wenn wir gerade beim Fernsehen Zeitung lesen und unser Bewusstsein ausgelastet ist? Dann gleitet die gehörte Suggestion direkt ins Unterbewusstsein. Beim nächsten Gang in den Supermarkt haben Sie auf einmal Lust, die neue Marmeladensorte auszuprobieren und denken, es wäre Ihre Entscheidung gewesen. Aber auch die ständige Wiederholung trägt ihren Teil dazu bei, gezielt Ihr Unterbewusstsein zu manipulieren. Da geht es längst nicht mehr darum, um Rapport mit jemandem aufzubauen, sondern es werden gezielt hypnotische Techniken und Sprachmuster angewandt. Die Möglichkeiten sind quasi grenzenlos. Diese Art der Manipulation ist ein Anschlag auf den Geist des Menschen, und zwar durch die Hintertür. Der erste Schritt, sich davor zu schützen, ist es, diese Methoden zu erkennen. Alle Techniken in diesem Buch aufzuzählen, würde zu weit führen. Durch die Lektüre dieses Buches aber kennen Sie bereits die Funktionsweise Ihres Geistes und können sich ausreichend davor schützen. Für mich ist wichtig, dass sie erkennen, dass Manipulation ein ganz alltägliches Handwerkzeug ist. Warum sollten Sie die gleichen Techniken, die Unternehmen dazu nutzen, um Kunden zu manipulieren, nicht auch dazu nutzen, einen Job zu bekommen? Genau das möchte ich Ihnen zeigen. Nutzen Sie dieselben Methoden aus, um den Personalchef für sich zu begeistern. Ich zeige Ihnen, wie Sie das machen sollen. So erhöhen Sie Ihre Chancen beim Vorstellungsgespräch gewaltig. Auf der einen Seite arbeitet Ihr Unterbewusstsein für Sie und sie strahlen positive Energie aus. Auf der anderen Seite bauen Sie unterschwellig Rapport bei dem Verantwortlichen auf. Dieser Rapport führt dazu, dass Sie in den Augen Ihres Gesprächspartners sympathisch sind. Nebenbei pflanzen Sie noch die Vorstellung in Ihr Gegenüber, dass Sie genau der richtige Mitarbeiter sind. Im Folgenden werde ich versuchen, Ihnen diese Techniken zu vermitteln. Leider kann ich nicht bei allen Techniken die genaue Funktionsweise erläutern, da das den Rahmen dieses Buches sprengen würde. Aber ich werde versuchen, es für Sie anzudeuten. Sie können die Techniken, die ich Ihnen beschreibe, getrost anwenden. Die Wirksamkeit ist fundiert und gesichert. Dieses Wissen gibt Ihnen den letzten Schliff. Der neue Job ist Ihnen dann so gut wie sicher.

Wie Sie Ihr eigenes Unterbewusstsein beeinflussen, dürfte Ihnen ja bereits bekannt sein. Sie bedienen Sich z.B. der Autosuggestion. Um das Unterbewusstsein eines anderes zu beeinflussen, gebraucht man die Heterosuggestion. In beiden Begriffen steckt das Wort Suggestion. Das bedeutet etwa soviel wie hinzufügen. Im psychologischen Sinne heißt das soviel wie Unterschiebung. Und zwar versuchen wir, einen Gedanken unterzuschieben, der denken, fühlen oder handeln beeinflusst.

Das geschieht über das Unterbewusstsein. Wenn wir uns selbst Suggestionen geben, nennt man das Autosuggestion, und wenn wir Suggestionen an andere weitergeben, Heterosuggestion. Wie erwähnt, hat Kommunikation ein Ziel. Wir versuchen, dass jemand glaubt, zu tut, fühlt oder denkt. Die meisten Sätze, die wir gebrauchen, sind also mehr oder weniger suggestiv. Ob wir aber Erfolg mit unserer Kommunikation haben, steht auf einem anderen Blatt. Wir können aber, wenn wir die Gesetzesmäßigkeiten, nach dem der menschliche Geist funktioniert, beachten, unsere Erfolgschancen dramatisch steigern. Ein Beispiel:
Wie Sie bereits wissen, tendieren wir immer zu der bildhaften Vorstellung. Das Unterbewusstsein kennt keine Negation. Wenn ich also einem Kind suggerieren möchte, von der Straße wegzubleiben, sagen wir häufig: „Gehe nicht in die Nähe der Straße". Jetzt stellt sich das Kind erst vor, in die Nähe der Straße zu gehen, um dann zu wissen, was es nicht tun soll? Dabei hat es im Geist die Vorstellung, in der Nähe der Straße zu kommen. Die Wahrscheinlichkeit, dass unsere Manipulation Erfolg hat, ist sehr gering. Sehr häufig erleben wir das, wenn wir zu jemandem sagen: „Vergiss den Müll nicht mitzunehmen." Was passiert? Der Müll wird vergessen. Im Gehirn kommt primär nur an „vergiss den Müll". Umso wahrscheinlicher ist es auch, dass das Kind in unserem Beispiel eher näher an die Straße rangeht als davon weg. Um das Ziel unserer Kommunikation effektiver zu erreichen, wäre es, eine positive Formulierung zu finden wie etwa: „Bleibe auf dem Weg" oder „nimm den Müll mit". Das ist jetzt ein eindeutiger Befehl, der genauso aufgefasst wird, wie er gemeint ist. Das nennt man eine direkte Suggestion. Sie werden Ihr Ziel, dass das Kind von der Straße wegbleibt, eher erreichen, wenn Sie eine direkte Suggestion geben. Damit haben Sie schon mal den ersten Grundstein, um Ihr Ziel bei einer Unterhaltung zu erreichen, vergrößert. Vermeiden Sie also möglichst Sätze mit

Negation wie nicht oder kein. Auch Silben wie un und ent sind Negationen.

Das Problem bei einer direkten Suggestion ist, dass Sie Widerstand erzeugen kann. Wenn Sie zum Personalchef sagen, stellen Sie mich ein, kann es passieren, dass er es tut. Aber die Wahrscheinlichkeit ist groß, dass er nicht Ihrem Befehl gehorchen möchte. Er denkt sich einfach „Nein“. Dieses „Nein“ entspringt aus dem Bewusstsein. Das Bewusstsein hat die Suggestion aufgefangen und entkräftet. Es funktioniert wie ein Filter. Dieses Nein markiert sich auch im Unterbewusstsein mit einer Verankerung. Es weiß jetzt, dass der Chef Sie nicht einstellen will. Wenn Sie jetzt fragen „warum nicht“, wird sich der Chef rechtfertigen und das Nein wird immer stärker verankert. Darum eignen sich direkte Suggestionen nur sehr bedingt. Direkte Suggestionen sind gut in Befehlshierarchien oder auch im Bekanntenkreis. Da aber, wo eine asymmetrische Beziehung herrscht, sind sie eher kontraproduktiv. Asymmetrisch heißt, dass nicht beide Gesprächspartner auf der selben Stufe stehen. Einer will vielleicht mehr gelten als der andere.

Um dieses Problem zu umgehen, gibt es indirekte Suggestionen. Dafür gibt es unzählige Beispiele. Ich werde mal die wichtigsten nennen.

Nehmen wir mal an, ich sage zu meinem Chef „machen Sie das Fenster auf“. Diese Suggestion könnte auf Widerstand treffen. Der Chef könnte ja denken. Ich bin doch der Chef. Geschickter ist es, eine Suggestion in eine Frage zu betten. Man könnte z.B. fragen: „Könnten Sie das Fenster aufmachen?“ Diese Suggestion stößt nicht auf so viel Widerstand wie eine direkte. Würde der Chef auf diese Frage mit Nein antworten, würde er sich zudem als unhöflich zeigen. Die Wahrscheinlichkeit, dass er einfach das Fenster aufmacht ohne darüber nachzudenken, ist sehr hoch. Suggestionen in Fragen tauchen oft unter Gleichgestellten auf: „Kannst Du mir mal helfen?“ oder „Würdest Du mich mitnehmen“.

Eine andere Form der indirekten Suggestion ist zum Beispiel die bewusste Negation. Wir könnten zu jemandem sagen „Du wirst nicht versagen“. Ein geschickter Trick, um das Gegenteil bei jemandem zu erreichen. Wir nutzen hierbei den Mechanismus der negativen Vorstellung einfach aus.

Ein ganz gemeiner Trick ist die Suggestion mit Doppelbindung und Annahme. Sie sagen zum Beispiel zum Kunden: „Soll ich lieber vormittags oder abends zu Ihnen kommen?“ Diese Suggestion ist sogar in eine Frage gebettet. Der Kunde hat jetzt eine Wahl zu treffen. Entweder vormittags oder nachmittags, aber auf jeden Fall haben wir Ihm suggeriert (untergeschoben), dass wir einen Termin haben.

Wie Sie sehen, gibt es grenzenlose Möglichkeiten, einen Menschen nur mit gezielten Suggestionen zu manipulieren. Das Ziel dabei ist es, den Wächter des Bewusstseins zu verwirren oder zu umgehen. Die Suggestion ist die direkteste Art, seinen Gesprächspartner effektiv zu manipulieren. Wie gesagt, Manipulation ist etwas Alltägliches. Jedoch tun wir es in der Regel nicht bewusst. Dadurch, dass Sie in Zukunft auf Ihre Sprache achten und vorher überlegen, was Sie in einer Unterhaltung eigentlich erreichen wollen, werden Sie Ihre Chancen merklich erhöhen. Zumal Sie jetzt wissen, wie Sie Ihre Wünsche am Besten präsentieren müssen. Ziel dieses Exkurses soll es sein, dass Sie beim Vorstellungsgespräch Ihr Gegenüber dazu bringen, Sie einzustellen. Wir fangen mit der Bewerbung an, in der wir Suggestionen verstecken können und gehen dann rüber zum Kapitel „das Vorstellungsgespräch“.

Darin zeige ich Ihnen, wie Sie Rapport aufbauen und Sympathie erzeugen. Dieses Kapitel ersetzt es aber nicht, sich damit zu beschäftigen, wie ich eine Bewerbung schreiben soll oder wie das ideale Vorstellungsgespräch auszusehen hat. Die Techniken werden aber sehr wahrscheinlich einen entscheidenden Ausschlag geben. Nehmen Sie dieses Wissen einfach mit und lassen Sie es für sich nützlich sein. Danach will ich dann noch mal kurz das Thema Geld anschneiden. Zwischen Geld und geistigen Gesetzen bestehen große Zusammenhänge, die Sie noch kennen sollten. Für alle, die sich vielleicht selbstständig machen wollen, empfehle ich, es trotzdem weiterzulesen, da sich die vorgestellten Methoden nicht nur in Vorstellungsgesprächen nutzen lassen, sondern in allen möglichen Lebenslagen.

Die Bewerbung

Unter Bewerbung verstehe ich hier, den gesamten Vorgang ab der schriftlichen Bewerbung bis zum Unterzeichnen des Arbeitsvertrags. Dazu gehört natürlich auch das Vorstellungsgespräch. Im Folgenden werde ich zu den einzelnen Stationen nützliche Hinweise geben, die Ihnen die Konfrontation erleichtern werden. Fangen wir mit der Quellensuche an.

Die Quellensuche

Das bevorzugte Medium der Jobsuche ist heute das Internet. Das ist ein Medium, das ungeheure Mengen an Daten und Angeboten enthält, die sich meistens absolut kostenlos anbieten. Verlassen Sie sich nicht auf die sporadischen Angebote, die Ihnen etwa das Arbeitsamt zuschickt. Meistens sind diese Stellen sogar schon einige Tag älter. Es bietet sich daher eher an, die Sache auf eigene Faust anzugehen. Auch

Zeitungen sind nicht das ideale Medium zur Stellensuche. Aus zwei Gründen. Die meisten Stellenangebote sind nur Werbung oder dienen direkt dazu, Geld zu verdienen. Oft deklarieren bekannte Unternehmen in großen Zeitungen „wir schaffen Arbeitsplätze, und haben 20 freie Stellen“, oder so ähnlich. In Wahrheit ist vielleicht gerade mal eine Stelle frei oder sogar keine. Auf jeden Fall haftet dem Unternehmen jetzt etwas Positives an. Ganz gefährlich sind so genannte Lockangebote. Diese Stellenangebote haben meist einen Haken. Sie müssen viel Geld für Schulungen ausgeben, um den angeblichen Job zu bekommen, oder sollen dann noch eine teure Telefonnummer wählen, um an die finalen Informationen zu kommen. Außerdem kommen auf eine Stellenanzeige in einem großen Blatt verhältnismäßig viele Bewerber auf eine Stelle. Nutzen Sie daher das Internet. Es ist nicht nur für Sie günstiger, sondern auch für die Unternehmen. In den einschlägigen Jobbörsen, die es gibt, haben die Unternehmen außerdem mehr Kontrolle über Ihre Angebote. Sie können Anzeigen schalten oder wieder rausnehmen, so wie es gerade gewünscht ist. Der Vorteil liegt auf der Hand. Der Personalverantwortliche ist nicht auf Umwege oder Vermittler angewiesen. Meistens können Sie Suchaufträge bei den Jobbörsen einrichten und Sie erhalten dann jeden Tag die allerneusten Stellenangebote. Denn Schnelligkeit ist ein entscheidender Faktor. Als ich noch bei einer bekannten Autovermietung in meiner Position Personal einstellte, waren die schnellen Bewerbungen gleich immer am sympathischsten. Es ist also von Vorteil, schnell zu sein. Eine andere effiziente Möglichkeit ist es, direkt auf die Webseiten von Unternehmen zu gehen, die Jobs anbieten können, die für Sie von Interesse wären. Manche Unternehmen legen es geradezu darauf an, an Bewerber zu kommen, die zielgerichtet recherchieren. Deshalb werden Stellenangebote häufig nur exklusiv auf den Firmenseiten veröffentlicht. Jemand, der sich darauf bewirbt, hat schon mal ein natürliches Interesse am

Unternehmen. Solche Bewerbungen werden schon im Vorfeld immer als positiv bewertet.

Die Bewerbung

Wenn Sie einen potentiellen Arbeitgeber gefunden haben, dann wird in den meisten Fällen eine schriftliche Bewerbung angefordert. Die schriftliche Bewerbung ist der Schlüssel zum Vorstellungsgespräch. Es ist Ihre Visitenkarte. Eine Bewerbung besteht aus einem Anschreiben, Lebenslauf, Zeugnissen und einem Lichtbild. Es ist äußerst wichtig, dass Ihre Bewerbung makellos ist und wenn möglich, sich positiv von anderen abhebt. Ich kann und werde Ihnen jetzt keine Anweisung geben, wie man eine Bewerbung schreibt, aber ich werde Ihnen Möglichkeiten zeigen, damit Ihre Bewerbung sich positiv von anderen abhebt.

Der wichtigste Hinweis ist vielleicht dieser: Lassen Sie Ihre Bewerbung von jemandem anderen schreiben. Auch dann, wenn Sie vielleicht eine kaufmännische Ausbildung haben und früher mal Ihre Bewerbungen selbst geschrieben haben. Heutzutage werden sehr hohe Anforderungen an Bewerbungen gestellt. Ein Datum im falschen Format kann schon zur Absage in manchen Branchen führen. Es gibt unzählig viele Details, die man beachten muss. Selbst Lebensläufe werden seit kurzem nicht mehr in chronologischer Reihenfolge geschrieben, sondern umgekehrt nach amerikanischem Vorfeld. Wer kann das alles wissen, wohl nur Leute, die sich darauf spezialisiert haben. Es gibt mittlerweile viele Selbstständige, die für andere Bewerbungen schreiben. Darunter fällt das ganze Programm von Lebenslauf bis zur adäquaten Bewerbungsmappe. Diese Leute sind meistens auf dem neuesten Stand. Jetzt werden Sie vielleicht sagen, wo ich mich bewerben will, wird so was nicht verlangt. Das ist doch prima, so haben Sie schon im Vorfeld mehr geleistet als verlangt wurde, nicht wahr? Es ist also keineswegs mehr nur für Manager üblich, sich Ihre Bewerbungsmappe professionell erstellen zu lassen. So können Sie sicher sein, dass Ihre Bewerbung die Mindestanforderungen erfüllt. Die Menschen, die einen solchen Service anbieten, sind sogar meistens sehr geschickt darin, abgestimmt auf Ihren Lebenslauf wohlklingende Formulierungen zu finden, die bei den Unternehmen gut ankommen. Auch haben diese Leute Erfahrung damit, wie die Branchen im Einzelnen angesprochen werden wollen. Doch Vorsicht, es gibt bei den Anbietern immense Preisunterschiede. Sie sollten für eine Bewerbung und Lebenslauf ohne spezielle Beratung nicht mehr als 30 Euro ausgeben. Wem das zu viel ist, kann ich nur sagen, dass es gut investiertes Geld ist. Es gibt Bewerber, die haben schon hundert Bewerbungen verschickt und wurden bisher noch nie zu einem Vorstellungsgespräch eingeladen. In den meisten Fällen fangen die Leute an zu verzweifeln und sagen sich, dass sie niemand einstellen will. Aber auf die Idee, dass vielleicht was mit dem Layout der Bewerbung nicht stimmen könnte, kommen nur wenige. Das Scheitern ist so vorprogrammiert. Die 30 Euro sind also wirklich gut angelegt, wenn Sie damit Ihre Erfolgschance erhöhen und weniger Bewerbungen verschicken müssen. Alleine schon vom Porto lohnt sich diese Ausgabe schon. Es gibt ja leider viele Firmen, die die Bewerbungsunterlagen nicht zurückschicken. Die meisten Anbieter schicken Ihnen die Bewerbung sogar auf Wunsch per E-Mail zu. So haben Sie jetzt eine Ideale Vorlage, um Ihre weiteren Bewerbungen zu erstellen. Sie brauchen in Zukunft nur noch die Musterbewerbung zu replizieren, machen Sie einfach alles so wie es der Profi gemacht hat. Oft kommt sogar später im Vorstellungsgespräch die Frage, ob Sie die Bewerbung selbst geschrieben haben? Das ist ein Hinweis dafür, dass Ihre Bewerbung gut angekommen ist. Sagen Sie in jedem Fall „Ja“.

Sie haben sich darüber informiert, wie eine Bewerbung auszusehen hat.

Nutzen Sie für Ihre Bewerbung, wenn möglich, nur das Beste. Es fühlt sich beim Personalchef gut in den Fingern an, wenn der Bewerber besonderes Papier genommen hat. Das macht einen sehr guten Eindruck. Sollten Sie über keinen Drucker und PC verfügen, verschicken auch die Bewerbungsservice-Anbieter gerne für Sie die Bewerbungen. Achten Sie besonders auch auf das Lichtbild. Wenn Sie sich nicht sicher sind, fragen Sie andere nach Ihrem Bild. Es empfiehlt sich von alleine, rasiert und lächelnd auf dem Foto zu posieren. Ein weißes Hemd mit Krawatte hat noch nie jemandem geschadet. Ein schlecht gemachtes Foto kann zur Absage führen. Gehen Sie am besten zum Fotografen, auch das sind Profis, die wissen, wie Sie in Szene zu setzen sind. Lassen Sie sich nicht von dem Geld abschrecken. Wer ernten will, der muss auch säen. Wenn Sie diese Hinweise beachten, haben Sie eine gute Saat, die bald aufgehen wird.

Für diejenigen, die Ihre Bewerbungen an der einen oder anderen Stelle selbst erstellen, habe ich auch noch etwas. Achten Sie auf das selbstgeschriebene oder von jemandem anderen erstellte Anschreiben auf die Formulierungen. Sie können nämlich in Ihrer Bewerbung geschickt Suggestionen einbauen. Im Betreff könnte man schon damit anfangen: „Sie suchen einen verlässlichen, ausgebildeten….“. Hier implizieren wie „Sie Suchen“ und bekommen noch ein Ja dafür. Natürlich wird gesucht, sonst würde man ja nicht Stellenangebote veröffentlichen. Beim Lesen wird dieser Satz unbewusst mit Ja beantwortet. Passiert das in einem Text öfter, dann wird der Lesende in eine sogenannte „JA-Haltung“ gebracht. Dies führt dazu, dass der Text in einer positiven bejahenden Haltung gelesen wird. Es fällt dann demjenigen schwer, die Bitte nach eincm Vorstellungsgespräch abzulehnen. Diese Technik können Sie auch sehr oft in der Werbung beobachten. Oft heißt es da z.B. so: Sie sind abends häufig müde vom Tag? (wer nicht?) Sie haben hart gearbeitet (das tun doch die meisten!) Sie wollen mal was für sich tun? (Wollen wir das nicht alle!). Sich wohlfühlen? (Jaaaahh). Dann bestellen Sie jetzt unsere neuen Vitaminpillen? Jetzt gleich! Die Chance ist gegeben, dass wir auf den letzen Satz ebenfalls mit Ja antworten, zumal dort auch noch die Suggestion „bestellen Sie jetzt" eingebettet ist. Deshalb ist es so wichtig, die Bewerbungen immer individuell für jedes Unternehmen zu erstellen. Häufig stehen in den Stellenbeschreibungen die gewünschten Eigenschaften des Bewerbers, wie zum Beispiel belastbar oder kontaktfreudig. Die selben Formulierungen sollten auch im Text des Anschreibens stehen. Das bringt uns ein paar „Ja" ein. Da wird es schwer, am Schluss Nein zu sagen. Besonders dann, wenn der letzte Satz eine direkte Suggestion ist. Sätze wie: „Ich würde mich freuen, wenn Sie mich einladen", bringen überhaupt nichts. Dem Personalchef ist es eigentlich egal, ob Sie sich freuen, denn er will sich selber freuen. Schreiben Sie lieber „hat Ihnen meine Bewerbung gefallen, dann laden Sie mich zu einem persönlichen Gespräch ein". Sehen Sie den Unterschied? Wir nutzen hier ganz bewusst die Ja-Haltung gekoppelt mit einer direkten Suggestion aus. Ich behaupte nicht, dass Sie nur deswegen eingeladen werden, es kann aber der letzte Ruck gewesen sein, den der Personalchef gebraucht hat, um Sie endlich einzuladen. Seien Sie ruhig mutig und benutzen Suggestionen, wenn Sie kommunizieren. Dem Gesprächspartner fällt das in der Regel nicht so auf, aber seinem Unterbewusstsein umso mehr. Sie entwickeln dann auch ein Gefühl, solche Dinge selbst in Gesprächen schnell zu erkennen. Der Werbung gehen Sie auch so schnell nicht mehr auf den Leim. Packen Sie die Sache an wie ein Profi. Fühlen Sie sich wie ein Profi. Dann sind Sie nämlich auch einer. Sie nehmen diese Angelegenheit jetzt gezielt in die Hand und brauchen nicht mehr zu hoffen, dass Sie irgendjemand aus einer komischen Laune heraus zu einem Vorstellungsgespräch einlädt.

Das Vorstellungsgespräch

Sobald Sie die Einladung zum Vorstellungsgespräch bekommen haben, haben Sie die größte Hürde schon überwunden, wenn Sie jetzt nicht gerade zu einem Einstellungstest mit 1000 Bewerbern gebeten werden. So eine Einladung ist ein großer Erfolg, über den Sie sich freuen dürfen. Auch dazu möchte ich Ihnen noch einige wertvolle Hinweise auf den Weg mitgeben.

Verständlicherweise haben viele Angst vor so einer Situation. Diese Reaktion ist vollkommen normal, da es sich um eine Drucksituation handelt, die den einen oder anderen schon mal schwer belastet. Um Ängste und Unsicherheit abzubauen, sollten Sie noch mal an das Thema Angst aus diesem Buch lesen. Da Ihr Unterbewusstsein nicht zwischen Vorstellung und Erinnerung unterscheiden kann, haben wir gute Ansatzmöglichkeiten, um diese Aufgabe souverän zu meistern. Daher mein erster Tipp. Spielen Sie die Situation in Gedanken mehrmals durch. Stellen Sie sich vor, wie Sie da sitzen und Fragen beantworten. Beantworten Sie die Fragen aber tatsächlich, die gestellt werden. Sprechen Sie einfach so mit sich selbst, wie Sie die Antworten beim Vorstellungsgespräch auch geben würden. Das hat zwei Vorteile. Ihr Unterbewusstsein stellt sich schon mal auf diese Situation ein und es weiß, dass es sich nicht um eine Situation handelt, vor der man Angst haben müsste. Der andere Nutzen ist, dass Sie schon mal die richtigen Verknüpfungen im Gehirn bilden, die Ihnen später ermöglichen, die gestellten Fragen besser zu beantworten. Auch wenn sich dieser Hinweis banal anhört, ist er extrem wichtig. Führen Sie diese Selbstgespräche. Ihr Unterbewusstsein wird denken, das Sie schon mehrere Gespräche absolviert haben. Das Ganze nennt man Mentaltraining. Diese Technik erlaubt es Ihnen, am Tag X gelassener und souveräner zu wirken. Das mit den Verknüpfungen kann ich Ihnen an einem ganz einfachen Beispiel demonstrieren. Alles, was Sie dazu brauchen, ist eine Uhr. Ich nenne Ihnen gleich ein Stichwort. Ihre Aufgabe ist es dann, ganz spontan darüber zu reden. Das nennt man Sprechdenken. Sie dürfen während einer Minute keine Redepause machen. Wenn Ihnen nichts einfällt, sagen Sie: „Mir fällt nichts ein" ruhig mehrmals. Aber halten Sie für eine Minute den Redefluss konstant. Verstanden? Wenn Sie die Möglichkeit haben, nehmen Sie das Gesagte ruhig auf, um sich das später noch mal anzuhören. Okay, hier das Stichwort: Ostern!

Wenn Sie jetzt eine Minute darüber gesprochen haben, werden Sie feststellen, dass Sie wahrscheinlich nicht so ganz flüssig darüber gesprochen haben. Aber, Ihr Gehirn hat jetzt zu diesem Stichpunkt eine Akte mit mehreren Verknüpfungen angelegt. Jetzt bitte ich Sie, noch mal eine Minute über das Thema Ostern zu sprechen. Wenn Sie die Möglichkeit haben, nehmen Sie das Gesagte direkt hinter dem vorherigen auf.

Wenn Sie jetzt das zweite Mal über das Stichwort referiert haben, müsste Ihnen ganz deutlich aufgefallen sein, dass Sie jetzt mehr zu sagen hatten. Nicht nur das, wahrscheinlich waren Sie sogar jetzt um einiges sicherer. Wenn Sie die Übung jetzt noch zweimal wiederholen würden, dann würden Sie wahrscheinlich ein Meister darin sein. Ich hoffe, dieses Beispiel konnte Ihnen zeigen, was Mentaltraining ausmachen kann. Gehen Sie das Vorstellungsgespräch immer wieder im

Geiste durch und beantworten Sie die Fragen dazu. Wenn Sie nicht wissen, was für Fragen gestellt werden, informieren Sie sich am besten über das Internet. Dort gibt es viele Listen von Fragen, die während eines solchen Gespräches gestellt werden können.

Das Nächste. was Sie brauchen, um Angst oder Nervosität abzubauen, ist Wissen. Je mehr Wissen Sie haben, um so sicherer sind Sie. Daher empfiehlt es sich, sich über das Unternehmen zu informieren. Wieviele Mitarbeiter sind dort angestellt? Gibt es einen Betriebsrat? usw. Wenn Sie diese Details wissen, können Sie nicht nur damit punkten, sondern Sie werden auch sicherer und machen den Eindruck, dass Sie genau wissen, was Sie wollen.

Jetzt verrate ich Ihnen noch ein großes Geheimnis. Mit diesem Wissen tun sich jede Menge Möglichkeiten für Sie auf. Dieses Wissen ist nicht nur für ein Vorstellungsgespräch von großem Nutzen, sondern in jeder sozialen Situation. Die einfachste und wirksamste Methode, auf einen anderen Menschen sympathisch zu wirken, ist das Spiegeln. Auch diese Technik klingt erstmal recht banal, die Wirkung aber schlägt ein. Diese Technik ermöglicht es Ihnen, für völlig Fremde absolut anziehend zu wirken. Kopieren Sie einfach die Körperhaltung Ihres Gesprächspartners! Seien Sie sein Spiegelbild. Keine Angst, das Gegenüber wird das nicht bewusst merken. Es wird sogar als angenehm vom Gesprächspartner empfunden werden. Da Personalchefs eh auf die Körpersprache achten, bietet es sich geradezu an, wenn Sie sich genauso setzen wie der Personalchef auch. Er wird nichts gegen seine eigene Körpersprache einzuwenden haben. Verändert Ihr gegenüber seine Körperhaltung, verändern Sie Ihre auch. Tun Sie es aber nicht synchron, sondern langsam und unmerklich. Diese Technik wirkt sehr zuverlässig. Verhaltensforscher haben herausgefunden, dass Menschen, die sich mögen, gegenseitig spiegeln. Das passiert auf unbewusster Ebene. Hier haben wir wieder das Gesetz der Harmonie. Alles strebt nach Gleichheit. Menschen, die sich spiegeln, sind auf unbewusster Ebene im Einklang miteinander. Meistens handelt es sich dann um besonders vertiefte Gespräche. Diese Menschen stehen in einem engen Rapport. Dann hat man getestet, was passiert, wenn man einen Gesprächspartner ganz bewusst spiegelt. Der andere Gesprächspartner wird sich äußerst wohl dabei fühlen und weiß eigentlich gar nicht, warum. Er wird das Gefühl haben, mit Ihnen auf einer Wellenlänge zu sein. Auch der Spiegelnde erhält dabei einen Eindruck, wie der Gesprächspartner gerade fühlt. Besonders nützlich ist diese Technik bei Personen, die Sie vielleicht nicht leiden mögen. Probieren Sie mal, diese Personen zu spiegeln. Wahrscheinlich wird diese Person ihr Verhalten ändern. Besonders effektiv wird diese Technik, wenn wir auch anfangen, den Atemrhythmus des anderen zu spiegeln. Harmonischer geht es gar nicht mehr. Wenn Sie diese Technik in einem Vorstellungsgespräch anwenden, wird der Personalchef sie unwiderstehlich sympathisch finden. Ist das nicht gefährlich, wenn der Personalchef diese Technik kennt? Nein! Denn nehmen wir mal an, er gehört zu den Wenigen, die das Spiegeln kennen, meistens ist das bei sehr gut ausgebildeten Personen oder Menschen aus der Verkaufsbranche der Fall, dann weiß er, dass Sie in jedem Fall die Kunst der zwischenmenschlichen Kommunikation beherrschen. So ein Mitarbeiter ist ein Gewinn. Üben Sie diese Technik, sie gehört mit zu dem Wichtigsten, was Sie aus diesem Buch lernen können. Am Anfang wird Ihnen das vielleicht komisch vorkommen, aber mit der Zeit wird das ganz selbstverständlich. Sie werden außerdem sehr schnell Erfolg feststellen. Sie werden merken, dass die Gespräche, die Sie führen, einfach viel besser laufen. Wie schon erwähnt können Sie die Technik intensivieren, wenn Sie auch den Atem eines Menschen spiegeln. 80 Prozent unserer Kommunikation ist Nonverbal. Wenn Sie das Verhalten eines anderen spiegeln, macht das plus 80 Prozent auf der Beziehungsebene für Sie. Sie können das sogar noch weiter treiben, indem Sie einzelne Wörter, die Ihr Gesprächspartner benutzt, einfach auch verwenden. Oder wiederholen Sie einfach Sätze, die vom Kommunikationspartner gesagt wurden. Durch diese Methode wird vieles in Ihrem Leben einfacher werden. Ob Sie diese Technik bei Behörden, Firmen oder im zwischenmenschlichen Bereich anwenden, es wird Ihnen zugute kommen. Fangen Sie noch heute damit an, jetzt gleich.

Wenn Sie alles so machen, wie es hier in diesem Buch steht, ist es unmöglich, keinen Erfolg zu haben. Es geht einfach nicht. Sie haben einfach alle Seiten abgedeckt. Ihr Unterbewusstsein weiß, was es will, Ihr Gesprächspartner findet Sie sympathisch, und Sie sind gut auf alle Fragen vorbereitet. Jetzt dauert es nicht mehr lange, bis Sie das erste Gehalt kassieren.

Geld

>>Dem Geld darf man nicht nachlaufen, man muss ihm entgegenkommen<<

Aristoteles Onassis

Ich habe mich dazu entschlossen, das Thema Geld mit in dieses Buch mitzunehmen, da der falsche Umgang damit Ihre ganzen Erfolge wieder zunichte machen könnte. Sie werden sich früher oder später, wenn Sie die Vorschläge aus diesem Buch umsetzen, unweigerlich finanziell verbessern. Es würde Ihnen aber nichts bringen, wenn Sie anfangen, Schulden zu machen oder alles zu verspielen, richtig? Es gibt einige wichtige Dinge, die Sie über Geld wissen müssen, damit es auch bei Ihnen bleibt. Erst mit der Behandlung dieser Thematik kann ich dieses Buch mit ruhigem Gewissen abschließen. Vergessen Sie am besten erstmal fast alles, was Sie über Geld zu wissen glauben! Ich gebe zu, dass ist eine kühne Behauptung. Aber viele Menschen nehmen Geld nicht als das wahr, was es in Wirklichkeit ist. Das Wissen über Geld, dass die meisten Menschen haben, haben diese meistens von Leuten, die das Geld anderer für sich haben wollen. Vergessen Sie auch Ihren Versicherungs- oder Bankberater. Warum? Es liegt doch auf der Hand. Wenn diese ganzen Leute wüssten, wie man mit Geld richtig umgeht, dann würden die sich nicht für 2000.-€ im Monat bei Ihnen anbiedern. Ich habe es mit Absicht einwenig überspitzt gesagt. Aber steckt da nicht Wahrheit drin? Die meisten Menschen haben eine vollkommen falsche Beziehung zum Geld. Achten Sie einmal darauf, im Grunde arbeiten die meisten Menschen für andere. Sie arbeiten, um ihre Rechnungen und Kredite zu bezahlen. Wenn Sie erstmal erfahren, was Geld genau genommen ist, werden Sie schnell einsehen, dass eine solche Lebensweise falsch ist. Ich will Sie jetzt auch nicht länger auf die Folter spannen. Wenn Sie jemanden fragen würden, was Geld ist, dann würde er sehr wahrscheinlich Folgendes antworten. Geld ist ein Tauschmittel, oder für Geld erhalte ich Leistungen. Aber Geld ist noch viel mehr als das. Geld ist eine Kraft, eine Energie. Geld ist eine göttliche Erfindung, es ist die Lebensader unserer Gesellschaft.

Nehmen wir mal an, es würde kein Geld geben und Sie wären ein Bauer. Sie würden Getreide säen, um Korn zu ernten. Die Ernte wäre dann praktisch Ihr Einkommen. Wenn Sie jetzt aber Schuhe haben wollen und diese nicht selber herstellen könnten, müssten Sie jemanden finden, der Ihnen Schuhe im Tausch gegen Ihr Getreide gibt, stimmt´s? Was aber, wenn der Schuhmacher schon genug Getreide hat? Das wäre ein Problem, wenn Sie nichts anderes anzubieten hätten, dann müssen Sie erstmal die nächste Zeit barfuß gehen. Auch die Lagerung erweist sich als schwierig. Wenn man Getreide über einen langen Zeitraum lagern möchte, muss man es gut lagern, damit es nicht zu schnell verdirbt. Es kann also verderben. Was passiert aber, wenn im nächsten Jahr die Ernte ausbleibt? Getreide kann man nicht sparen. Sie sehen also, ohne Geld hätten wir große Probleme. Es musste also ein universelles Tauschmittel her, Geld. Geld existiert ja heute meistens in Papierform oder Münzen. Dieses Papier oder Münzen haben aber im Grunde keinen Wert. Wir messen ihm nur den Wert zu. Geld als solches ist praktisch wertlos. Das heißt, dass dieses Geld symbolisch für etwas stehen muss. Das, was unser heutiges Geld wertvoll macht, ist die Ware oder Dienstleistung, die dahinter steht. Eigentlich ist es nur die Dienstleistung, die bezahlt wird, denn die Ware wird ja erst durch eine Dienstleistung hergestellt. Ich gebe zu, es ist einwenig kompliziert, aber es lohnt sich, darüber nachzudenken. Ein Baum ist noch lange kein Stuhl, und ein Stück Eisen ist auch kein Auto. Erst die Arbeit, die dahintersteht, gibt der Sache einen Wert. Dieser Wert bemisst sich aus der investierten Arbeit. Ein Tisch, der in der Herstellung 2 Stunden braucht, ist weniger wert als einer, der 10 Stunden braucht. Es sei denn, das Material ist wertvoller. Aber das Material ist nur wertvoller, weil es schwieriger zu bergen oder zu bearbeiten ist. Also können wir Folgendes festhalten. Geld erhält seinen Wert durch die Symbolisierung von Arbeitskraft. Man könnte diesen Satz auch in einer Formel darstellen, und zwar Geld = Arbeitskraft. Diese Formel lässt sich noch verdeutlichen, wenn man feststellt, was Arbeitskraft bedeutet. Im Wort Arbeitskraft steckt ja das Wort Kraft drin. Wenn wir arbeiten, investieren wir Kraft in etwas. Und Kraft lässt sich auch mit Energie übersetzen. Deshalb kann man die Formel auch so besser darstellen: Geld = Energie. Geld ist Energie, das ist eine sehr hohe Erkenntnis. Ich hoffe, dass Sie dem Gedankengang bis hierher folgen konnten, denn daraus ergeben sich fantastische Möglichkeiten. Stellen Sie sich Geld als Energie vor. Energie gehorcht Gesetzen, und Energie ist auch gleich Masse. Geld ist also wesentlich mehr als nur ein Tauschmittel. Aus diesem Blickwinkel eröffnen sich neue Möglichkeiten, und wir sind in der Lage, neue Kreisläufe zu entdecken. Energie befindet sich nämlich immer in einem Kreislauf. Dabei meine ich nicht den Geldkreislauf, sondern ich meine das Ganze. Betrachten wir doch jetzt noch einmal unseren Bauern. Der Bauer erntet das Feld ab, um das tun zu können, braucht er Energie. Diese Energie hat er durch Nahrungsmittel aufgenommen. Diese Energie wird jetzt darin verbraucht, indem er arbeitet. Doch die Energie ist nicht weg. Dafür hat er jetzt Säcke voll Getreide. Dieses Getreide ist an sich auch Energie. Die Energie, die der Bauer mit der Nahrung aufgenommen hat, hat er dazu eingesetzt sein Feld abzuernten. Jetzt kann er diese Energie umwandeln in Geld, indem er sein Getreide verkauft. Dieses Geld, könnte er jetzt jederzeit in alles andere wieder umwandeln. In alles, was mal Energie gekostet hat, um es zu erzeugen. Das Besondere aber an Energie in Geldform ist, wir können es speichern. Man kann Geld aufbewahren. Es schimmelt und verdirbt nicht. Das ist ein immenser Vorteil. Für dieses Geld könnte er jetzt z.B. andere Nahrungsmittel einkaufen. Wenn er diese isst, wird die Nahrung im Körper wieder in eine andere Form von Energie umgewandelt. Ich gebe zu, dieses Beispiel ist stark vereinfacht, und es kommen noch viele andere Faktoren hinzu. Trotzdem lässt sich erkennen, dass Geld = Energie ist und in einen ständigen Kreislauf durch verschiedene Zustände fließt. Ich sage nochmals, dass dieses Beispiel aufgrund des Komplexes, der dahinter steht, relativ einfach gehalten ist. Das Geld an sich bleibt in seinem eigenen Kreislauf. Aber die Energie, die vom Geld symbolisiert wird, transformiert sich. Wenn ich jemandem Geld dafür gebe, mir die Haare zu schneiden, hat der Friseur Energie dabei verbraucht. Diese hat er jetzt in Form von Geld in der Hand. Diese Energie kann er jetzt in beliebige Dinge umwandeln. Der Geldschein an sich bleibt aber immer derselbe. Das liegt daran, dass der Geldschein nur symbolisch für die Energie steht. Die Energie an sich wechselt aber ständig ihren Zustand. Mit einem Stück Kohle können wir Wärme, also Energie, erzeugen. Das Stück Kohle hat diese Energie aber nicht erzeugt. Es ist selbst die Energie, es wechselt nur den Zustand. Selbst die Kohle hatte vorher einen ganz anderen Zustand. Es war nämlich eine Pflanze, die über einen längeren Zeitraum durch Druck in der Erde komprimiert wurde. Und woher hat die Pflanze ihre Energie? Aus der Sonne. Durch den Prozess der Photosynthese. Im Prinzip stammt alle Energie aus der Sonne.

Aus dieser Erkenntnis heraus und dem Wissen, dass Geld bestimmten Gesetzen gehorchen muss, können wir bestimmte Verhaltensweisen für uns im Umgang mit Geld ableiten. Sie müssen zu dem Bewusstsein kommen, dass Geld nur eine Form der Energie ist. Genauso wie Fett, das sich im Körper ablagert, es auch ist. Aus Fett lässt sich Öl herstellen, das wiederum direkt in Wärme, also purer Energie, umgewandelt werden kann. Mit Wärme können wir dann wieder Dinge in Bewegung setzen, mit denen wir zum Beispiel Produkte erzeugen. Menschen, die diesen Zusammenhang entdeckt haben, sehen Geld als das an, was es in Wirklichkeit ist. Solche Menschen entwickeln die richtige Beziehung zum Geld. Wir wissen, dass alles in einer analogen Beziehung zueinander steht. Es liegt in dem Gesetz der Analogie wie im großen – so im kleinen zugrunde. Wenn wir aus dieser Perspektive heraus jetzt einmal einen Menschen betrachten, der mehr Geld ausgibt, als er einnimmt, dann sehen wir, dass hier das Gesetz der Harmonie gestört ist. Wie wir bereits erkannt haben, führt Disharmonie dazu, dass ein Ungleichgewicht entsteht. Alles, was im Ungleichgewicht ist, könnte man auch als krank bezeichnen. Prüfen Sie meine Behauptung, und denken Sie in allen Lebensbereichen darüber nach. Krankheit ist immer Disharmonie. Wenn jemand zuviel Stress und zuwenig Ruhe hat, dann wird er mit hoher Wahrscheinlichkeit krank. Analog dazu ist eine Diode, die mehr Energie abgibt als sie aufnimmt, defekt. Harmonie definiert sich durch ein Gleichgewicht der Kräfte, also durch das ausgewogene Verteilen von Energie. Immer, wenn Energie ungleichmäßig fließt, entsteht Disharmonie. Die führt dazu, dass der Energieverteiler mit der Zeit verkümmert und stirbt.

Was ich mit diesen Gedanken aufzeigen wollte, ist ganz einfach, dass ein Mensch, der falsch mit Geld umgeht, krank ist. Wenn jemand ein gestörtes Verhältnis zu Geld hat, wird Geld nicht zu ihm kommen. Es sucht sich den Weg mit dem geringsten Widerstand, genauso wie es Energie eben tut. Fangen Sie deshalb an, Geld als Gut zu betrachten. Denn oft hört man, Geld verdirbt den Charakter und viele andere Dinge in diesem Zusammenhang. Aber das Geld an sich ist eine sehr gute Sache. Es lässt sich speichern, es schimmelt nicht, ich kann es in beliebige Güter und Dienstleistungen eintauschen, weil es von jedem immer gebraucht wird. Und so, wie eine Pflanze die Sonne braucht, braucht der Mensch auch Geld. Geld ist nicht schlecht. Schlecht kann nur der Mensch sein, der das Geld nutzt. Jemand, der von Geld schlecht denkt, hat ähnlich wie ein Magnet eine abstoßende Polarität. Während jemand, der positiv darüber denkt, das Geld eher wie ein Magnet anzieht. Um richtig mit Geld umzugehen, sollten Sie als Erstes eine positive Haltung dazu gewinnen. Betrachten Sie es außerdem als das, was es in Wirklichkeit ist, nämlich Energie.

Damit diese Energie bei Ihnen optimal fließen kann, müssen Sie in dieser Beziehung gesund sein. Nur ein gesunder und frischer Akku speichert genügend Energie. Wie Sie das machen können, möchte ich Ihnen zum Abschluss noch zeigen. Denn, wenn Sie einen gesunden Organismus haben, bauen Sie Energie auf, anstatt diese abzubauen. Da, wo viel Energie ist, kommt am Ende immer noch mehr hinzu. Auch das ist ein Grund, warum Reiche immer reicher werden. Ein Reicher ist aus diesem Blickwinkel betrachtet jemand, der mehr Geld einnimmt, als er ausgibt. In diesem Punkt müssen Sie mir unweigerlich zustimmen. Er hat mehr Geld zur Verfügung, als er braucht. Es handelt sich also hier um einen gesunden Energiehaushalt. Während jemand, der mehr Geld ausgibt, als er einnimmt, krank im Sinne des Energiekreislaufs ist. Das bedeutet für Sie, Sie müssen damit anfangen, mehr Geld einzunehmen als Sie ausgeben. Sie müssen das im Kleinen tun, was der Reiche im Großen tut. Damit stehen sie analog zu jemandem der reich ist, nur im kleineren Maßstab. Im Energiekreislauf sind Sie damit wieder eine gesunde Verteilerstation, und die Energie kann jetzt ungehindert zu

Ihnen fließen. Wenn Sie mehr Geld einnehmen, als Sie ausgeben, stehen Sie wieder im richtigen Gleichgewicht. Das wird sich nicht nur auf Ihre Geldbörse positiv auswirken, sondern Sie werden sich auch viel besser fühlen, glauben Sie mir. Ein Defizit auf dem Konto schlägt sich immer, auch wenn es nur unbewusst ist, auf die Psyche aus. Man hat ein Defizit dadurch. Sobald Sie diese Regel anwenden, wird alles um Sie herum sich verbessern, finanziell und gesundheitlich. Das liegt ganz einfach daran, dass Sie einen Energiefluss ins Gleichgewicht gebracht haben. Das wird sich positiv auf alle Bereiche auswirken. Sie sind quasi in dem Moment, wo Sie anfangen, dieses Prinzip anzuwenden, reich. Ein Reicher nimmt mehr Geld ein, als er ausgibt. Diese Erkenntnis ist keineswegs neu, es gibt sogar Methoden, wie man die Energie in Form von Geld optimal verteilen sollte. Aber dazu komme ich später.

Ein anderer wichtiger Aspekt ist das Geben. Wir alle kennen den Spruch, geben ist seliger als nehmen. Derjenige, der gibt, ist höher als derjenige, der nimmt. Reiche spenden häufig, dann sollten Sie das auch tun. Es ist Ihnen sogar möglich. Wenn Sie anfangen würden regelmäßig zu spenden, würde das für unser Energiemodell bedeuten, dass Sie nicht nur Energie speichern, sondern sogar noch welche produzieren. Sie erhalten ja keine Energie sofort zurück. Sie sind eine Wohltat für den gesamten Kreislauf. Es praktisch so, als wenn Sie selbst Energie erzeugen würden. Damit wird auch unweigerlich mehr Geld zu Ihnen fließen. Wieviel sollte ich denn spenden? 10 Prozent, nicht mehr und nicht weniger. Wenn Sie jetzt vielleicht schlucken, kann ich Ihnen sagen, dass sich das für Sie auszahlen wird. Sie gehören zu einem erlauchten Kreis der Geber. Ihr Unterbewusstsein wird den Eindruck haben, im Überfluss zu leben, was sich sehr positiv auswirken kann. Außerdem hat die Form des Zehnten geben eine lange

Geschichte, und selbst der Gott der Bibel gibt seinen Segen dazu.

>>Bringt den ganzen Zehnten in das Vorratshaus, damit Nahrung in meinem Haus ist! Und prüft mich doch darin, spricht der HERR der Heerscharen, ob ich Euch nicht die Fenster des Himmels öffnen und Euch Segen ausgießen werde bis zum Übermaß<<
Maleachie 3,10

Dieser Vers gibt ganz klar die Zusage, das Fenster des Himmels zu öffnen und Segen im Übermaß zu empfangen. Wenn wir unser Energiemodell betrachten, dann ist das eine logische Konsequenz. Das Wunderbare dabei ist, dass diese 10 Prozent, wenn Sie sie unverzüglich spenden, überhaupt nicht auffallen werden. Im Gegenteil, Sie werden sich auch sehr gut dabei fühlen. Sie stehen jetzt bei den Gebern, das ist eine ganz besondere Stellung. Viele Menschen, die reich geworden sind, geben den Zehnten. Ich kenne einen Verkäufer, der mir bestätigt hat, dass seine Umsätze gestiegen sind, seitdem er den Zehnten gibt. Sie können sich aussuchen, was Sie mit dem Zehnten machen. Aber machen Sie es, Sie werden staunen, was in Ihrem Leben passieren wird.

Was ist denn, wenn ich Schulden habe? Um gesund zu werden, müssen Schulden natürlich abgebaut werden. Wir müssen aber auch Energie aufbauen, um nicht mehr auszugeben, als wir haben. Natürlich wäre es auch nicht schlecht, wenn wir den Zehnten geben können. Um das alles unter einen Hut zu bringen, gibt es ein System, nachdem man das Geld verteilen soll. Ähnlich wie in einem Schaltkreis, wird Energie in bestimmte Bereiche verteilt. Dieses System möchte ich Ihnen jetzt gerne zeigen. Wenn Sie dieses System für Ihren Geldfluss verwenden, sind Sie praktisch schon reich, denn wie im

Kleinen so im Großen. Sie sind dann in diesem Sinne nicht nur reich, sondern bauen noch Ihre Schulden dabei ab. Ganz nebenbei geben Sie noch etwas für die Armen ab. Das ist doch eine tolle Sache, oder? Sie werden bald ohne Schulden sein und sogar noch etwas auf der hohen Kante haben. Verfahren Sie nach diesem System, und es gibt Ihnen den letzten Schliff. Sie haben dann alles, was erfolgreiche Menschen ausmacht. Bis zum vernünftigen Umgang mit Geld ist alles abgedeckt.

Dieses System ist ein Verteilungssystem. Wie die Politiker häufig sagen, es ist genug Geld da, es wird nur falsch verteilt. Wollen wir damit anfangen, Geld richtig zu verteilen. Es spielt dabei überhaupt keine Rolle, wie hoch das Einkommen ist. Ob Sie nur 400.-€ im Monat verdienen oder 40000.-€. Das Prinzip ist das gleiche und hat immer positive Auswirkungen. Wenn man etwas genauso macht, wie jemand, der erfolgreich ist, wird man selbst auch Erfolg haben. Sobald Sie damit anfangen, Ihr Geld richtig zu verteilen, gliedern Sie sich harmonisch in den Geldkreislauf ein. Sie tun dann genau dass, was Reiche auch tun. In dem Moment, wo Sie dieses System nutzen, sind Sie schon reich. Wir gehen der Einfachheit halber einmal von einem monatlichen Einkommen von 1000.-€ aus. Von diesen 1000.-€ ziehen wir direkt am Anfang den Zehnten ab. Das macht 100.-€, die Sie spenden. 70 Prozent Ihres Einkommens, also 700.-€, sind für Ihren Lebensunterhalt, also für alles, was Sie sonst so ausgeben. Wenn das nicht reichen sollte, sollten Sie schauen, welche Ausgaben unnötig sind. Kündigen Sie Versicherungen oder Abonnements, die nicht unbedingt gebraucht werden. Sie müssen Ihre Ausgaben so anpassen, dass Sie mit diesem Geld auskommen. Das ist der wichtigste Schritt bei diesem Vorhaben. Überdenken Sie Ihre Ausgaben ganz genau. Wenn Sie wirklich den ersten Schritt zum Reichsein unternehmen wollen, hat das seinen Preis. Weitere zehn Prozent Ihres Einkommens ist für Schuldentilgung gedacht.

Das heißt, Sie haben in unserem Beispiel 100.-€ zur Verfügung, um Ihre Schulden zu tilgen. Wenn dieses Geld nicht ausreichen sollte, sprechen Sie mit der Bank oder anderen Stellen, um Ihre Raten anzupassen. Sie sollten nicht mehr zur Schuldentilgung aufwenden. Die 10 Prozent, die jetzt noch überbleiben, sind ganz alleine nur für Sie. Sparen Sie die 100.-€ konsequent. Diese 100.-€ sind das Mehr. Sie nehmen jetzt mehr Geld ein, als Sie ausgeben. Sind keine Schulden vorhanden, können Sie dieses Geld ebenfalls sparen. Es empfiehlt sich, dieses Geld für Konsumgüter wie Haushaltsgeräte oder andere Dinge beiseite zu legen. So müssten Sie bei Bedarf keine neuen Schulden machen. Sie zahlen also Raten im Voraus für etwas.

Es gibt auch ein alternatives Modell dazu, das Babylonische Modell. Dieses stammt aus dem Buch „Der reichste Mann von Babylon". Der Unterschied zu den anderen ist, dass Sie keinen Zehnten abgeben und stattdessen 20 Prozent zur Schuldentilgung. Sie nehmen also 70 Prozent für Ihren Lebensunterhalt, 20 Prozent zur Schuldentilgung und die restlichen 10 Prozent zum Vermögensaufbau. Sind keine Schulden da, könnte der Zehnte gegeben werden, oder der Rest wird ebenfalls gespart. Sie sollten aber niemals mehr als 70 Prozent für Ihren Lebensunterhalt ausgeben. Das ist die einzig richtige Methode, um mit Geld umzugehen. Die weitreichende Bedeutung dieses Systems wurde ja bereits ausführlich behandelt. Ein weiterer Vorteil dabei ist, wenn Sie einmal irgendwann alle Ihre Schulden getilgt haben, haben Sie in der Zeit noch ein stattliches Guthaben aufgebaut. Wenn Sie sich noch mehr für diese Thematik interessieren, ist die Lektüre des Buches: „Der reichste Mann von Babylon" von George E. Clason sehr aufschlussreich.

Schlusswort

>>Das große Ziel der Bildung ist nicht Wissen sondern Handeln.<<

Herbert Spencer

Ich habe dieses Buch geschrieben, um Menschen zu helfen, die sich in einer schwierigen Notlage der Arbeitslosigkeit befinden. Arbeitslosigkeit ist eine schlimme Krankheit, die zum Tode führen kann. Das Schlimme dabei ist, dass die meisten Menschen aufgrund von Unwissenheit in diese Lage geraten und auch noch verschlimmern. Dabei ist ein Ausweg möglich. Es ist schlimm, Menschen zu sehen, die aufgegeben haben und sich für Versager halten. Es gibt ein Mittel gegen diese Krankheit. Dieses Buch zeigt die richtige Therapie auf, um einen Ausweg aus dieser Krankheit zu finden. Es nützt nichts, wenn Langzeitarbeitslose gezwungen werden, irgendwelche Kurse zu besuchen oder in Arbeitsmaßnahmen gesteckt werden, solange der Mensch in seinem Inneren glaubt, dass er versagt hat. Die Techniken und Methoden in diesem Buch werden schon vielfach von Managern und anderen erfolgreichen Menschen angewandt. Durch diese Methoden wurden diese Leute häufig noch erfolgreicher. Warum zeigt man diese wirksamen Techniken nur Managern? Wahrscheinlich, weil sie für dieses Wissen gut bezahlen müssen. Wenn Sie sich auf dieses Buch einlassen und wirklich danach handeln, gebe ich Ihnen die Garantie dafür, dass das Mindeste, das Sie dadurch erreichen werden, eine neue Arbeitsstelle ist. Sicher, es gibt auch Grenzen. Es ist eher unwahrscheinlich, dass jemand, der gestern noch Sozialhilfe bekommen hat, morgen Chef eines Konzerns ist. Aber die Möglichkeit besteht trotzdem, dass er innerhalb kurzer Zeit ein ausreichendes Einkommen erzielen kann, mit dem er sich seine

Wünsche erfüllen kann. Es ist auch nicht ausgeschlossen, dass jemand sehr erfolgreich und tatsächlich sehr reich dadurch wird. Alles steckt schon bereits in Ihnen. Sie müssen nur wissen, wie Sie dieses Potenzial entfalten können. Der Schlüssel dazu ist das Gehirn. Das Gehirn ist Ihre wertvollste Ressource, die es Ihnen ermöglicht, all das zu tun, was Sie sich auch vorstellen können. Deshalb bitte ich Sie darum, lassen Sie sich auf dieses Buch ein und handeln danach.

Ich selbst durfte aus eigener Erfahrung erleben, dass man etwas verändern kann, wenn man weiß wie. Da Sie jetzt auch über dieses Wissen verfügen, können Sie auch beobachten, warum manche Menschen Erfolg haben und andere nicht. Ich hoffe wirklich sehr, dass Sie bald glücklicher sein werden. Wenn dieses Buch Ihnen dabei geholfen hat, war meine Arbeit nicht umsonst. Egal, was passieren mag, Sie sind niemals ein Verlierer, sondern ein einzigartiger und besonderer Mensch mit vielen Fähigkeiten. Glauben Sie an sich. Ich tue es bereits. Ich habe mit eigenen Augen gesehen, was Menschen geschafft haben, die nach dem Prinzip der 3 Kräfte gehandelt haben. Jetzt sind Sie dran! –Tue es.

Um auch anderen Menschen zu beweisen, dass ein Ausweg aus der Krise möglich ist, würde ich mich freuen, wenn Sie mir Ihre Geschichte schreiben würden. Teilen Sie mir mit, was sich bei Ihnen verändert hat. Motivieren Sie andere mit Ihrem Zeugnis dazu, etwas zu tun. Zeigen Sie anderen Menschen, dass niemand das Recht hat, aus uns Arbeitslose zu machen. Sehr gerne dürfen Sie mir Ihren Bericht per E-Mail schicken. Ich freue mich darauf.

Welzel@HypnosetherapieZentrum.de

Ihr Ronny Welzel